Annette Panhorst

Leichenfledderei
im
Teutoburger Wald

Eine neue Sichtweise
der Varus-Schlacht
mit überraschendem Ausgang

Annette Panhorst

Leichenfledderei
im
Teutoburger Wald

Eine neue Sichtweise
der Varus-Schlacht
mit überraschendem Ausgang

Bibliografische Information der Deutschen
Nationalbibliothek
Die Deutsche Nationalbibliothek verzeichnet diese
Publikation in der Deutschen Nationalbibliografie;
detaillierte bibliografische Daten sind im Internet
über http://dnb.d-nb.de abrufbar.

Quellennachweis

[1] © bpk, Berlin
[2] © bpk / Antikensammlung, SMB / J. Liepke
[3] © bpk / A. D. Orti, Rom / Musei Capitolini
[4] © Bibliographisches Institut & Brockhaus AG, Mannheim

Impressum

© 2008 Annette Panhorst

Herstellung und Verlag:
Books on Demand GmbH, Norderstedt

ISBN-13:978-3-8370-4311-2

Inhaltsverzeichnis:

Einleitung

Im Jahre 9 nach Christus befanden sich die Römer unter ihrem Anführer Varus mit 3 Legionen, der 17., 18. und 19. Legion, bestehend aus ca. 20.000 Personen im Sommerlager an der Weser. Zum Ende des Sommers, im September, brachen sie das Sommerlager in Minden ab, um in ihr Winterlager in Haltern an der Lippe zurückzukehren. Sie wählten für den Rückmarsch einen Weg den wir bisher nicht kennen. Auf diesem Weg wurden sie von Arminius dem Cherusker angegriffen und vernichtend geschlagen.

In diesem Buch wird beschrieben, auf welchen Wegen sich die Römer bewegten, wo die Schlacht stattfand und wie sie abgelaufen ist. Die Wissenschaft wird in Zukunft beweisen, ob diese Thesen richtig sind.

Selbst wenn sich herausstellen sollte, dass die topographischen Möglichkeiten dieses Gebietes den geschilderten Schlachtablauf nicht zulassen, soll dieser Bericht doch dazu beitragen, mit neuen Fragestellungen an dieses Problem heranzugehen.

Die Historiker

Strabo	63 v. Chr. – 28 n. Chr.	Griech. Geschichtsschreiber
Velleius Paterculus	20 v. Chr. – 30 n. Chr.	Röm. Geschichtsschreiber
Tacitus	55 – 115 n. Chr.	Röm. Geschichtsschreiber
Cassius Dio	164 – 230 n. Chr.	Griech. Geschichtsschreiber

Die Personen

Augustus	Kaiser in Rom
Quinctilius Varus	Römischer Feldherr in Germanien
Claudius Drusus	Römischer Feldherr in Germanien, Stiefsohn des Kaisers Augustus, Bruder des Tiberius Nero, Vater des Germanicus
Tiberius Nero	Römischer Feldherr in Germanien, Stiefsohn des Kaisers Augustus, Bruder des Claudius Drusus, Stiefvater des Germanicus, später Kaiser in Rom
Germanicus Gajus Julius Caesar	Römischer Feldherr in Germanien, Sohn des Claudius Drusus, Stiefsohn des Tiberius Nero
Caecina	Römischer Feldherr unter Germanicus
Arminius (Hermann)	Cheruskerfürst, Sohn des Segimer
Thusnelda	Frau des Arminius, Tochter des Segestes
Segestes	Vater der Thusnelda
Segimerus	Bruder des Segestes

Ist die Gunst der Zeit doch selten,
in der man denken kann, was man will,
und aussprechen, was man denkt.
Tacitus, Historiae

Was ist Mythos, was ist Wahrheit?

Wie war es wirklich?

Im Teutoburger Wald, in der Nähe von Detmold, hoch oben auf dem Berg 'Grotenburg', steht weithin sichtbar das Hermannsdenkmal. Es stellt "Hermann den Cherusker" dar, der vor 2000 Jahren die Römer besiegte. Die Römer nannten ihn Arminius, sein germanischer Name ist unbekannt.

Die Schlacht ist bis heute ein Rätsel, ein Mythos, niemand weiß genau, wann sie war, wo sie war und wie sie abgelaufen ist. Sie soll irgendwo im Teutoburger Wald oder dessen Umgebung stattgefunden haben, irgendwann im September des Jahres 9 n. Chr. Die Römer waren mit ca. 20.000 Personen in diesem Bergland unterwegs und wurden von Arminius und den Germanen vernichtend geschlagen. Wie war das überhaupt möglich?

Wir wissen von den römischen und griechischen Geschichtsschreibern, dass die Germanen Varus und seine Legionen in ein unwegsames Gebiet, den Teutoburger Wald, lockten. Die Beschreibung handelt von Sümpfen und schwer zu durchdringenden sumpfigen Wäldern, von Schluchten, Baumriesen und wilden Germanen. In einer 3 bis 4 Tage dauernden

11

Schlacht wurde das römische Heer weitgehend aufgerieben. Nur wenigen gelang die Flucht. Varus stürzte sich in auswegloser Situation in sein Schwert.

Auch der deutsche Historiker Prof. Theodor Mommsen konnte den Hergang der Schlacht nicht beschreiben. Er vermutete den Ort der Schlacht in der Nähe von Osnabrück oder Venne, da hier verschiedentlich römische Münzen gefunden worden waren.

Aus allen vorliegenden Unterlagen ist ersichtlich, dass die Germanen den Römern sowohl waffentechnisch, strategisch als auch kämpferisch weit unterlegen waren. Es war ihnen nicht möglich, ein Heer aufzustellen, das den Römern gefährlich werden konnte. Von Truppenbewegungen vor der Schlacht ist nichts bekannt. Die Cherusker, denen die Römer vertrauten, waren die alleinigen Gegner.

Allen Geschichtsschreibern war eines gemeinsam, ihnen fehlten jegliche Detailkenntnisse über die Orte, die Landschaft und das Klima im Teutoburger Wald.

Die Varusschlacht war außergewöhnlich. Sie war anders als andere Schlachten. Die Germanen ließen das Gelände für sich kämpfen. Dazu musste die Schlacht an einem ganz bestimmten Ort zu einer ganz bestimmten Zeit stattfinden. Die Germanen nutzten ihre genauen Ortskenntnisse aus und ließen die Römer so in ihr Verderben laufen. Die Schlacht war heimtückisch, aber Planung und Ausführung waren perfekt.

Die Folgen der Schlacht waren sehr bedeutsam und wirken bis in die heutige Zeit nach. Nur wenige Jahre später gaben die Römer ihr Vorhaben auf, Germanien zu unterwerfen. In alten plattdeutschen Liedern haben die Germanen ihre Geschichte erzählt.

I   Die Eroberungen

Das römische Imperium

Um Christi Geburt hatte das römische Weltreich eine riesige Ausdehnung. Es reichte vom Atlantik bis in den Orient. Ganz Südeuropa, von Spanien über Italien, Griechenland und der Türkei, von Syrien bis zur Sinai-Halbinsel, ebenso Nordafrika von Marokko bis Ägypten gehörte zum römischen Imperium. Aber immer noch waren die Römer bestrebt, ihr Reich weiter zu vergrößern. Die Sicherung der Grenzen und die Ruhe im Inneren waren Ziel ihrer Politik.

Die Rhein-Grenze

Die Römer hatten in den Jahren 58-51 v. Chr. Gallien (Frankreich) besiegt und zu einer römischen Provinz gemacht. Der Rhein vom Bodensee bis zu Mündung bildete fortan die Grenze zwischen Gallien und Germanien. Die Römer waren mit ihren Legionen bis über den Fluss vorgedrungen und hatten beide Ufer durch Befestigungen gesichert. Die Germanenstämme an der Ostseite des Rheines kamen jedoch immer wieder über den Rhein und überfielen die römischen Niederlassungen. Daher beschloss der Kai-

Augustus[1]

ser Augustus in Rom, das rechtsrheinische Gebiet bis zur Elbe zu unterwerfen, um die Grenze zu verkürzen und zu begradigen. Die einzelnen germanischen Stämme lebten in ständigem Streit miteinander, ein einiges Germanien gab es nicht, so dass ein starker Widerstand seitens der Germanen ausgeschlossen war. Es gab keine festen Dörfer, erst recht keine festen Städte, es gab nur schwer zu durchdringenden Urwald. Die Römer gingen davon aus, dass die Unterwerfung der Germanen relativ einfach zu bewerkstelligen sei.

Die Donau-Grenze

Die Volksstämme in den Alpen und nördlich und östlich der Alpen an der Nordgrenze Italiens gehörten zwar offiziell seit Jahren zum römischen Reich, aber der Widerstand in der einheimischen Bevölkerung war groß. Immer wieder gab es kleinere oder größere Aufstände oder Überfälle, die von den römischen Soldaten blutig niedergeschlagen wurden. Kaiser Augustus beschloss, diese Gebiete für das römische Reich tributpflichtig zu machen. Die beiden Brüder, Drusus und Tiberius, Stiefsöhne des Kaisers Augustus, führten ihre Armeen über die Alpen. Es fällt auf, dass alle Heerführer in Germanien aus dem familiären Umfeld des Kaisers kamen.

Drusus führte seine Truppen von Süden her durch das Tal der Etsch, Tiberius kam von Westen. Sie unterwarfen Rätien (Schweiz), Tirol und Teile Bayerns und sicherten die Handelsstraßen und Alpenpässe. Die einzelnen Gebiete wurden neu organisiert und Statthalter eingesetzt. Drusus ging danach an den Rhein; Tiberius ging nach Pannonien (Ungarn) und Dalmatien (Jugoslawien) und unterwarf die dortige Bevölkerung. Im Jahre 12 v. Chr. legte er die Donau als Reichsgrenze fest. Die Gebiete südlich der Donau waren wieder fest in römischer Hand. Es folgten weitere Feldzüge gegen das freie Germanien.

Die Germanen

Die Germanen lebten in Nord- und Mitteleuropa. Sie gehörten der indogermanischen Sprachfamilie an. Von den benachbarten Volksgruppen, wie den Kelten, Illyrern, Balten und Slaven unterschieden sie sich durch Sprache, Religion und Kultur.

Nach Tacitus gab es 3 germanische Stammesgruppen:

1) Die Ingwäonen: Ampsivarier, Angeln, Chauken, Friesen, Jüten, Kimbern, Teutonen, Angrivarier, Vandalen, Warnen. Sie wohnten südlich der Nordsee im Niedersächsischen Tiefland.

2) Die Istwäonen: Bataver, Cherusker, Brukterer, Marser, Mattiaken, Sugambrer, Tenkterer, Treverer, Ubier, Usipeter. Diese wohnten am Niederrhein, in der Münsterländer Bucht und im Bergland zu beiden Seiten der Weser.

3) Die Herminonen: Chatten, Hermunduren, Langobarden, Markomannen, Sueben, Nemeter, Quaden, Semnonen, Vangionen. Diese wohnten im Bergland zu beiden Seiten des Mains. Im Osten reichte ihr Gebiet bis an die Elbe.

Die Sippe, der Familienverband, erscheint als die wichtigste gesellschaftliche Einheit der Germanen. Auch ihr Heer war nach Sippen geordnet; über den Sippen stand der in Gaue unterteilte Stamm, der von den benachbarten Stämmen in der Regel durch Wald oder Ödlandstreifen getrennt war. Die Freien bildeten die Masse der wehrfähigen Bevölkerung, sie waren zum Kriegsdienst verpflichtet und besaßen politische Rechte. Die Halbfreien waren Unterworfene oder Freigelassene, persönlich frei, aber an die Scholle gebunden. Die Germanen siedelten in unterschiedlicher Siedlungsdichte sowohl in Einzelhöfen als auch in kleinen Dörfern.

Lassen wir Tacitus sprechen: Germania 16
"Dass die Völkerschaften der Germanen keine Städte bewohnen, ist hinreichend bekannt, ja dass sie nicht einmal zusammenhängende Siedlungen dulden. Sie hausen einzeln und gesondert, gerade wie ein Quell, eine Fläche, ein Gehölz ihnen zusagt. Ihre Dörfer legen sie nicht in unserer Weise an, dass die Gebäude verbunden sind und aneinander stoßen: jeder umgibt sein Haus mit freiem Raum, sei es zum Schutz gegen Feuergefahr, sei es aus Unkenntnis im Bauen. Nicht einmal Bruchsteine oder Ziegel sind bei ihnen im Gebrauch; zu allem verwenden sie unbehauenes Holz, ohne auf ein gefälliges oder freundliches Aussehen zu achten. Einige Flächen bestreichen sie sehr sorgfältig mit einer so blendendweißen Erde, dass es wie Bemalung und farbiges Linienwerk aussieht.

Sie schachten auch oft im Erdboden Gruben aus und bedecken sie mit reichlich Dung, als Zuflucht für den Winter und als Fruchtspeicher. Derartige Räume schwächen nämlich die Wirkung der strengen Kälte, und wenn einmal der Feind kommt, dann verwüstet er nur, was offen daliegt; doch das Verborgene und Vergrabene bemerkt er nicht, oder es entgeht ihm deshalb, weil er erst danach suchen müsste."

Die Cherusker

Die Cherusker waren ein germanischer Volksstamm aus der Stammgruppe der Istwäonen. Sie siedelten im Bergland westlich und östlich der Weser. Ihr Verbreitungsgebiet reichte im Westen fast bis an die Ems, im Osten fast bis an die Elbe. Nördlich von ihnen, zu beiden Seiten der Weser, wohnten die Angrivarier, westlich von ihnen im Münsterland lebten die Brukterer.

Lassen wir Strabo sprechen: Geographica 7. Kap. 3

"Es begannen mit dem Kriege die Sugambrer, die in der Nähe des Rheins wohnten, und dann folgten bald diese, bald jene nach, die fürstliche Macht hatten und Frieden schlossen, dann aber wieder abfielen, indem sie die Geiseln preisgaben und Verträge brachen. Ihnen gegenüber war Misstrauen sehr angebracht, während diejenigen, denen man Vertrauen schenkte, den schwersten Schaden anrichteten, wie die Cherusker."

Drusus

Drusus[2]

Drusus war an den Rhein gegangen, um die Verhältnisse in Gallien zu ordnen. Die Germanen kamen immer wieder über den Rhein und plünderten die römischen Niederlassungen. Im Jahre 12 v. Chr. kam Drusus erstmals mit seiner Armee über den Rhein und rückte gegen die Germanen vor. Er unterwarf die Sugambrer, die an der Ruhr wohnten, verheerte weite Teile ihres Landes und fuhr mit seiner Flotte rheinabwärts in den Ozean. Die Bataver (im Rheindelta) und Friesen (Friesland) wurden ohne Widerstand in das römische Reich eingegliedert.

Drusus ging nun daran, nach der Küste das Binnenland zu unterwerfen. Er fuhr mit seiner Flotte die Ems hinauf und unterwarf die Chauken und die Brukterer. Mit Hilfe der Friesen legte er den Drusus-Kanal an, der den Rhein mit der Zuidersee (Ijsselmeer) verband. Im Jahre 11 v. Chr. zog Drusus weiter nach Osten und drang gegen die Cherusker vor. Als er die Weser erreicht hatte, kehrte er um und zog sich bis zur Lippe zurück, wo er das Kastell Aliso (Anreppen) anlegte. Im Jahre 9 v. Chr. zog er zunächst gegen die Chatten und die Markomannen. Dann unterwarf er die Cherusker.

Drusus zog weiter ostwärts und errichtete Siegeszeichen an der Elbe. Auf dem Rückweg von der Elbe, an der Saale, geschah der Unfall. Drusus stürzte vom Pferd und brach sich den Oberschenkel. In der Nähe der Weser verstarb er drei Wochen später in den Armen seines Bruders Tiberius, der von seinem Unfall gehört hatte und sofort herbeigeeilt war. Tiberius wurde nun der neue Kommandant.

200 Jahre später schrieb Cassius Dio:
Römische Geschichte 55,1

"Im Jahre 9 v. Chr. fiel Drusus in das Gebiet der Chatten ein und drang bis ins Suebenland vor, aber nur unter Mühen unterwarf er, was ihm in den Weg kam. Von dort ging er in das Gebiet der Cherusker, setzte über die Weser und rückte, alles verwüstend, bis zur Elbe vor. "

Tiberius

Tiberius setzte nicht auf Gewalt sondern auf Verhandlungen. Er zog mit seinem Heer kreuz und quer durch germanisches Gebiet, aber er achtete darauf, selbst keine Verluste zu machen. Er spielte die germanischen Stämme gegeneinander aus, bevorzugte die, die mit ihm paktieren wollten und benachteiligte andere. Auf diese Art und Weise konnte er in den nächsten Jah-

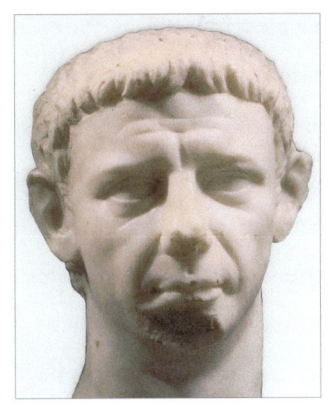

Tiberius[3]

ren die germanischen Stämme bis zur Elbe fast vollständig unterwerfen. Römische Händler kamen und trieben Handel mit den Germanen. Langsam gewöhnten sich die Germanen an die neuen Herren. Immer mehr Germanen schlossen Verträge mit den römischen Eroberern. Die Germanen waren so friedlich, dass Tiberius im Jahre 4/5 n. Chr. sein Winterlager mit dem gesamten Heer mitten im germanischen Gebiet aufschlagen konnte. Vorher war das Heer im Winter immer an den Rhein zurückgekehrt.

Auch die größeren germanischen Stämme, die Brukterer und die Cherusker, mussten sich, wenn auch widerwillig, Roms Macht beugen. Überall hatte Tiberius es verstanden, römische Parteien zu bilden, die das römische Gedankengut weitertrugen. Das römische Militär war für die junge Generation so attraktiv, dass die Jugend sogar in die römischen Legionen eintrat. Germanien schien auch innerlich allmählich römisch zu werden. Aber der Umschwung und die Selbstbesinnung der Germanen traten bald ein.

Lassen wir Velleius Paterculus sprechen:
Historia Romana II 97(4)
"Die Last des Krieges wurde nach Drusus Tod dem Tiberius übertragen, und er meisterte seine Aufgabe mit dem ihm eigenen Glück des Tüchtigen. Siegreich durchzog er alle Gebiete Germaniens, und zwar ohne jeglichen Verlust für die ihm anvertrauten Truppen; darauf war er bei seiner Heerführung besonders bedacht. Er unterwarf Germanien so vollständig, dass er es fast zu einer steuerpflichtigen Provinz machte."

Arminius

Die Cherusker waren unterworfen. Es war üblich, Kindern von besiegten Fürsten eine römische Ausbildung zu gewähren. Arminius, geboren ca. 18 vor Christus, war der Sohn des Cheruskerfürsten Segimer. Arminius und sein jüngerer Bruder Flavus kamen in den Genuss einer römischen Ausbildung. Sie gingen zunächst nach Xanten (Vetera) und im

Arminius

Jahre 8 v. Chr. auch nach Rom. Dort lernten sie sowohl die römische Lebensweise als auch die lateinische Sprache kennen.

Als sie älter waren, nahmen Arminius und sein Bruder Flavus als Militärtribunen in den Jahren 4 – 6 n. Chr. an den Feldzügen des Tiberius gegen das freie Germanien teil. Arminius befehligte die germanischen Hilfstruppen. Die Brüder waren sehr erfolgreich und wurden für ihre Verdienste mit dem römischen Bürgerrecht und der Ritterwürde ausgezeichnet. Im Jahre 7 n. Chr. kehrte Arminius in seine Heimat zurück.

Das römische Heer

Eine Legion war ein römischer Truppenverband von ca. 6.000 Mann. Jede Legion wurde von einem Legaten befehligt, dieser war Senator, vom Kaiser selbst eingesetzt. Dem Legaten wurden sechs Tribunen unterstellt. Der oberste Tribun hatte den Rang des stellvertretenden Kommandierenden inne, die übrigen fünf Tribunen erhielten Verwaltungs- oder Operationsposten im Heer.

Eine Legion setzte sich aus zehn Kohorten zusammen, diese wiederum aus je sechs Zenturien. Jede Zenturie besaß eine Kampfstärke von 80 Mann und wurde von einem Zenturio befehligt. Eine Zenturie von achtzig Mann war in zehn Abteilungen von je acht Mann unterteilt. Jede dieser Gruppen hatte ihre eigenen Gerätschaften, wie Waffen, Werkzeug, Kochgeschirr und Zelt.

Das Heer bestand nicht nur aus Soldaten, es gab auch viele Handwerker wie z. B. Zimmerleute, Stellmacher, Schmiede, Stallburschen, Jäger, Schlachter, Köche, Landvermesser, Schiffsbauer, Ärzte, Sanitäter, Advokaten, Sekretäre, Boten, sogar Frauen und Kinder.

Die römischen Feldlager

Ihr Hauptlager hatten die Römer in Xanten. Es lag auf einem Hügel gegenüber der Mündung der Lippe in den Rhein. Um in das germanische Gebiet vorzustoßen, bauten die Römer an beiden Ufern der Lippe je eine

Militärstraße. In Abständen von Tagesmärschen, ca. alle 15 km, errichteten sie Kastelle.

Unter Drusus und später Tiberius begannen sie 11 - 5 v. Chr. in Haltern an der Lippe und in Anreppen bei Delbrück zwei zusätzliche Winterlager zu errichten. Die Gelände waren je 25 Hektar groß und enthielten Kommandeurshaus und repräsentative Wohngebäude, Thermengebäude, Werkstatt, Offiziers- und Mannschaftsunterkünfte, große Speicher und weitere kleinere Speicher. Die neuen Lager waren als Stützpunkte für die Eroberung des germanischen Gebietes gedacht und überaus wertvoll.

Die Römer waren nun in der Lage, jedes Jahr im Frühjahr ein Stück tiefer in das germanische Gebiet vorzudringen. Sie bauten Boote, mit denen sie ihre Ausrüstung und ihren Nachschub bis weit nach Germanien vorschieben konnten. Ab Anreppen war die Lippe nicht mehr schiffbar. Daher wurden hier die Waren umgeladen und mit Pferd und Wagen zu den Sommerlagern an der Weser weitertransportiert.

Der Aufstand in Pannonien

Pannonien (Ungarn) war eine römische Provinz zwischen dem Ostrand der Alpen, der Donau und der Save. Das Gebiet war 12 v. Chr. durch Tiberius unterworfen worden. Hier und in benachbarten Provinzen brachen im Jahre 6 n. Chr. große Unruhen aus. Der Kaiser Augustus sah die gesamte Region und selbst Italien in Gefahr. Er brauchte einen erfahrenen Feldherrn, um das Land zu befrieden. Seine Wahl fiel auf Tiberius.

Tiberius führte ein riesiges Heer aus 10 Legionen und zusätzlichen Hilfstruppen, insgesamt etwa 120.000 Mann, um die Provinzen erneut zu unterwerfen. Germanicus, Sohn des verstorbenen Drusus und jetzt Stiefsohn von Tiberius führte hier erstmals eigene Truppen.

Der Krieg dauerte gut 3 Jahre. Selbst im Jahr 9 n. Chr. gab es noch Kämpfe. Erst am 3. August des Jahres 9 n. Chr. wurde der Krieg für beendet erklärt. Die Pannonier und die benachbarten Provinzen waren wieder besiegt. Germanicus brachte die Nachricht dieses Erfolges nach Rom. Die Siegesfreude war grenzenlos. Der Jubel wurde jäh beendet, als fünf Tage später die schlimme Nachricht aus Germanien eintraf. Was war geschehen?

Varus

Varus

In Germanien war alles friedlich. Als Ersatz für Tiberius sandte der Kaiser Augustus im Jahre 7 n. Chr. den Legaten Quinctilius Varus als neuen Statthalter nach Germanien. Varus stammte aus adeliger Familie und war durch seine Frau mit der Familie des Kaisers Augustus verwandt. Varus war vorher Statthalter in Syrien gewesen. In Germanien betrieb er die Romanisierung des Gebietes zwischen Rhein und Elbe, indem er die Verwaltung intensivierte und die römische Rechtssprechung einführte.

Als Oberbefehlshaber in Germanien war es ebenfalls seine Aufgabe, die Provinz steuerpflichtig zu machen. Er ging dabei nicht zimperlich vor. Er berücksichtigte weder die Eigenart der freiheitsliebenden Germanen, die es nicht gewohnt waren, wie Untertanen behandelt zu werden noch machte er sich die Mühe, die Lebensweise der Germanen zu verstehen. Die Feldzüge wurden fortgesetzt, ohne dass es in den Jahren 7 und 8 n. Chr. zu größeren Auseinandersetzungen kam. Erst das Jahr 9 n. Chr. fand große Beachtung.

Rückkehr des Arminius

Im Jahre 7 n. Chr. war auch Arminius nach Germanien zurückgekehrt. Er hatte unter Tiberius gekämpft und große Verdienste erlangt. Er stand weiterhin in römischen Diensten. Arminius ging in Varus' Zelt ein und aus. Er war für Varus außerordentlich vertrauenswürdig. Varus brauchte ihn als Übersetzer und Vermittler. Auch Segestes, Arminius Schwiegervater und dessen Bruder Segimerus wurden von Varus sehr geachtet. Für Schwierigkeiten und Probleme zwischen Römern und Germanen hatten sie stets mögliche Lösungen zur Verfügung.

Arminius befehligte weiterhin die germanischen Hilfskräfte. Diese waren mit Pferden und Lanzen, Schwertern und Panzern ausgestattet wie die Römer.

Invasion der Römer

Die Germanen hatten sehr gute Informationen über die Römer. Sie wussten, dass sie ganz Gallien unterworfen und zu einer römischen Provinz gemacht hatten. Zuerst kamen vereinzelt kleine Gruppen, dann immer größere Gruppen Soldaten in das germanische Gebiet. Die Germanen wussten auch, dass die Römer in Anreppen ein neues riesiges Vorratslager mit einem Prätorium (Herrenhaus) für Tiberius, dem Stiefsohn des Kaisers Augustus gebaut hatten. Immer mehr Schiffe kamen vom Rhein die Lippe herauf mit Menschen, Waren und Waffen und sie mussten befürchten, dass immer mehr fremde Menschen in ihr Gebiet eindringen würden. Die Germanen liebten jedoch ihre Freiheit. Sie wollten sich von den Römern nicht deren Lebensweise aufzwingen lassen.

200 Jahre später schrieb Cassius Dio:
Römische Geschichte 56,18,1
"Die Römer besaßen zwar einige Teile dieses Landes, doch kein zusammenhängendes Gebiet, sondern wie sie es gerade zufällig erobert hatten. Ihre Soldaten bezogen hier ihre Winterquartiere, Städte wurden gegründet, und die Barbaren passten sich der römischen Lebensweise an, besuchten die Märkte und hielten friedliche Zusammenkünfte ab. Freilich hatten sie auch nicht die Sitten ihrer Väter, ihre angeborene Wesensart, ihre unabhängige Lebensweise und die Macht ihrer Waffen vergessen.

Solange sie also nur allmählich und auf behutsame Weise hierin umlernten, fiel ihnen der Wechsel ihrer Lebensweise nicht schwer, ja sie fühlten die Veränderung nicht einmal. Als aber Quinctilius Varus den Oberbefehl über Germanien übernahm und sie zu rasch umformen wollte, indem er ihre Verhältnisse kraft seiner Amtsgewalt regelte, ihnen auch sonst wie Unterworfenen Vorschriften machte und insbesondere von ihnen wie von Untertanen Tribut eintrieb, da hatte ihre Geduld ein Ende."

II   Der Sommer in Germanien

Der Weg von Haltern nach Minden

Varus zog im Frühjahr des Jahres 9 n. Chr. mit 3 Legionen, der 17., 18. und 19. Legion, mit 3 Reitergeschwadern und 6 Kohorten ins Sommerlager in Minden.

Und die Germanen sangen:

Als die Römer frech geworden,	*Mäd de grauden frechen Schniuden,*
zogen sie nach Deutschlands Norden,	*kämpen mol viel Kerls von biuden*
vorne mit Trompetenschall, täterätätä,	*ächten iut Italien an, täterätätä.*
zog der Generalfeldmarschall	*Vürne räd son grauden Mann*
Herr Quinctilius Varus.	*de Quinctilius Varus.*

Er kam mit seiner Armee vom Winterlager Haltern die Lippe herauf nach Anreppen. Der Wasserweg Lippe war ab Anreppen nicht mehr schiffbar. Alle Waren mussten jetzt für den Weitertransport auf Wagen umgeladen werden. Der Weg führte durch die Senne Richtung Teutoburger Wald. Die Senne ist ein sandiger Streifen von ca. 10 km Breite. Dort wächst hauptsächlich Heidekraut durchsetzt mit Birken und Kiefern. Das Gelände steigt langsam aber stetig an. Der Weg durch diesen tiefen Sand ist äußerst beschwerlich. Daran schließt sich der Teutoburger Wald an. Er ist ca. 400 m hoch und muss überquert werden. Die Passstraße liegt immerhin 300 m hoch. Auf den Bergen wachsen große Bäume wie Buchen, Eichen, Fichten.

Auf der anderen Seite des Gebirges konnten sich die Römer wieder an einem Flusslauf orientieren. Dieser Fluss war die Werre, die in Richtung

Norden fließt. Der Weg lief mal rechts, mal links der Werre, er war sehr kurvenreich und schmal, er war sehr bergig. Viele Bäume reichten bis ans Wasser. Bei Regenwetter wurde der Weg glatt und schlüpfrig, immer wieder musste der Tross anhalten und den Weg gangbar machen.

Und die Germanen sangen:

Als sie nun nach Lippe kamen	*As si niu int Lippsche kämpen,*
bekamen sie Hunger in ihrem Magen;	*krägen se Hunger unnern Rempen,*
tief ging es durch den Dreck	*deipe ging et dör'n Dreck,*
und sie bekamen nichts als Speck	*und se krägen nix als Speck,*
und ein bisschen Wasser.	*un son biedken Wader.*

In Herford wurde dann die Werre überquert. Der Weg führte nun über die Alte Heerstrasse nach Bad Oeynhausen-Rehme. Dadurch verkürzt sich der Weg nach Minden erheblich. In Rehme ist die Werre schon sehr breit und hat eine starke Strömung. Hier ist eine Brücke unbedingt erforderlich.

Die Römer hatten in ihren Reihen sehr gute Leute. Sie waren durchaus in der Lage, entsprechende Brücken zu konstruieren und zu errichten. Nach Überquerung der Brücke befanden sie sich an der Weser. Der Weg führte sie nun weiter durch die Porta Westfalica zum Sommerlager in Minden.

Das Lager musste für ca. 20.000 Personen neu eingerichtet werden. Sie begannen sofort damit, das Lager zu befestigen, Gräben auszuheben und Wälle aufzuschütten. Ihre mitgebrachten 3 bis 4 Meter hohen Palisaden wurden verkeilt und sicherten das Lager nach außen gegen jegliche Feinde. Im Inneren stellten sie ihre Zelte auf und richteten sich häuslich ein. Das Sommerlager befand sich hoch oben über der Weser, an der Steilküste. Vom Ausguck aus hatten sie einen weiten Blick stromaufwärts und auch stromabwärts.

Weser mit Steilküste

Die Versorgung der Römer

Die Versorgung der Römer war eine große Herausforderung und eine große logistische Leistung. Diese vielen Menschen mussten jeden Tag essen und trinken. Trinkwasser gab es genug. Problematisch war die Versorgung mit Lebensmitteln. Es kam zwar Nachschub aus den Winterlagern im Sommerlager an, aber die Lieferungen waren nicht regelmäßig und auch nicht ausreichend.

Die Jäger der Römer gingen deshalb jeden Tag auf die Jagd um Wild zu fangen. Sie fingen alles, große Tiere, kleine Tiere. Sie fingen die Wälder leer. Sie kauften den Germanen Lebensmittel ab und bezahlten mit römischem Geld. Die Römer kauften die Vorräte der Germanen auf. Aber wie sollten die Germanen den Winter überleben ohne ihre Vorräte?

Die Römer bestimmten über ihr Leben und verlangten Steuern in Form von Lebensmitteln, wie z.b. Milch, Eier, Fleisch, Getreide, usw., so dass die Versorgung der Germanen immer schlechter wurde. Die Germanen kannten bisher keinerlei Steuern. Es war Aufgabe des Varus, von den Germanen Tribut einzutreiben. Aber die Germanen waren nur widerwillig bereit, an die Römer Steuern zu zahlen.

Das Römische Recht

Gleichzeitig sollte in Germanien das Römische Recht eingeführt werden. Zu diesem Zweck reiste Varus mit Heeresgeleit durch das Land, um Streitigkeiten unter den Germanen zu schlichten. Die Gerichtsverfahren wurden in römischer Sprache abgehalten und Urteile nach römischem Recht gesprochen. Die Germanen hatten jedoch ihre eigenen Gesetze, die von denen der Römer abwichen. Die Germanen kannten keine Blutgerichte. Körperstrafen oder gar Todesurteile gab es nicht. Die römischen Ruten und Beile waren bei ihnen unbekannt. Streitigkeiten unter den einzelnen Stämmen wurden im Kampf entschieden.

Lassen wir Velleius Paterculus sprechen:

Historia Romana II 117

"(2) Quinctilius Varus stammte aus einer angesehenen, wenn auch nicht hochadeligen Familie. Er war von milder Gemütsart, ruhigem Temperament, etwas unbeweglich an Körper und Geist, mehr an müßiges Lagerleben als an den Felddienst gewöhnt. Das er wahrhaft kein Verächter des Geldes war, beweist seine Statthalterschaft in Syrien: Als armer Mann betrat er das reiche Syrien, und als reicher Mann verließ er das arme Syrien.

(3) Als er Oberbefehlshaber des Heeres in Germanien wurde, bildete er sich ein, die Menschen dort hätten außer der Stimme und den Gliedern nichts menschenähnliches an sich, und die man durch das Schwert nicht hatte zähmen können, die könne man durch das römische Recht lammfromm machen.

(4) Mit diesem Vorsatz begab er sich in das innere Germaniens, und als habe er es mit Männern zu tun, die die Annehmlichkeiten des Lebens genossen, brachte er die Zeit des Sommerfeldzuges damit zu, von seinem Richterstuhl aus Recht zu sprechen und Prozessformalitäten abzuhandeln.

118 (1) Die Germanen waren aber bei all ihrer Wildheit äußerst verschlagen, ein Volk von geborenen Lügnern. Sie erfanden einen Rechtsstreit nach dem anderen; bald schleppte einer den anderen vor Gericht, bald bedankten sie sich dafür, dass das römische Recht ihrem Händeln ein Ende mache, dass ihr ungeschlachtes Wesen durch diese neue und unbekannte

Einrichtung allmählich friedsam werde und, was sie bisher durch Waffengewalt entschieden hätten, nun durch Recht und Gesetz beigelegt würde. Dadurch wiegten sie Quinctilius Varus in höchster Sorglosigkeit, ja, er fühlte sich eher als Stadtprätor, der auf dem römischen Forum Recht spricht, denn als Oberbefehlshaber einer Armee im tiefsten Germanien."

Urbanisierung

Die Römer schickten sich an, das germanische Gebiet urbar zu machen. Sie rodeten Wälder, um Flächen für Getreideanbau zu erhalten. Sie brauchten Bauholz und sammelten Brennholz. Sie waren überall. Sie zogen Gräben und legten große Gebiete trocken. Sie begradigten die Bäche und legten Wasserreservoire an. Sie besserten die alten Wege aus und bauten neue. Die römischen Wege führten jedoch immer durch bergiges Land, was beschwerlich zu durchqueren war. Daher waren die Römer bestrebt, einfachere neue Wege zu ihren Lagern an der Lippe zu finden.

Der neue Weg

Die Germanen benutzten seit langer Zeit einen Weg südlich des Wiehengebirges, die heutige Bahntrasse. Dieser Weg verlief ohne Steigungen entlang der Flüsse Werre – Else – Hase. Er wäre sehr geeignet für einen römischen Tross von mehreren Kilometern Länge. In Osnabrück bog der Weg nach Südwesten in Richtung Lengerich ab und weiter über Münster nach Haltern. Das Teilstück zwischen Lengerich und Haltern gab es schon. Das hatte der römische Statthalter L. Domitius Ahenobarbus 10 Jahre zuvor bereits anlegen lassen. In Lengerich musste der Teutoburger Wald zwar auch überquert werden, aber die Passstrasse war hier nur 100 m hoch und kaum zu bemerken. Dieser Weg war viel besser und kürzer als der alte römische Weg durch das Lippische Bergland. Auf diesem Weg würden die Römer viel schneller vorankommen. Die Römer sahen sich diesen Weg an. Diesen Weg konnten sie sehr gut ausbauen und auch in Zukunft immer wieder benutzen. Nach dem Teutoburger Wald wäre nur noch flaches Land bis Haltern zu durchqueren. Das Baumaterial könnte hier sehr gut transportiert werden. Ja, diesen Weg wollten sie ausbauen zu einer römischen Heerstraße. Sie gingen sofort ans Werk. Sie begradigten den Weg, fällten Bäume und rodeten Strauchwerk, die Schlaglöcher wurden verfüllt und gangbar gemacht.

Die neue Brücke – Das Stauwehr

Die Römer hatten auch viele Schiffe. Für diese Schiffe brauchten sie Wasserwege. Sie nutzten den Rhein, die Lippe, die Weser, die Ems und den Drusus-Kanal. Für flache Schiffe konnte man auch die Hase nutzen. Die Hase war schiffbar bis Bramsche. Es wäre gut, wenn die Hase bis Osnabrück schiffbar gewesen wäre, denn in Osnabrück kreuzten sich die Landwege von Minden und Haltern. Man könnte ab hier viel Nachschub über den Wasserweg transportieren. Dazu müsste in Osnabrück ein Stauwehr gebaut werden, das bei Bedarf Wasser in die Hase abgeben könnte. Die Germanen hatten in Osnabrück bisher nur eine Brücke, die den Gertrudenberg mit der Domplatte verband. Im Sommer bei Niedrigwasser begannen die Römer, Steine und Eisen und Bretter herbeizuschaffen, um das Stauwehr zu errichten. Unter ihren Leuten waren auch Baumeister, die mit derartigen Arbeiten vertraut waren.

Stauwehr

Die politische Struktur der Germanen

Lassen wir Tacitus sprechen: Germania 7

"Könige wählen die Germanen nach Maßgabe des Adels, Heerführer nach der Tapferkeit. Selbst die Könige haben keine unbeschränkte oder freie Herrschergewalt, und die Heerführer erreichen mehr durch ihr Beispiel als durch Befehle: sie werden bewundert, wenn sie stets zur Stelle sind, wenn sie sich auszeichnen, wenn sie in vorderster Linie kämpfen. Übrigens es ist nur den Priestern erlaubt, jemanden hinzurichten, zu fesseln oder auch nur zu schlagen, und sie handeln nicht, um zu strafen oder auf Befehl des Heerführers, sondern gewissermaßen auf Geheiß der Gottheit, die wie man glaubt, den Kämpfenden zur Seite steht. Deshalb nehmen die Germanen auch gewisse Bilder und Zeichen, die sie aus den 'Heiligen Hainen' holen, mit in die Schlacht. Besonders spornt sie zur Tapferkeit an, dass nicht Zufall und willkürliche Zusammenrottung, sondern Sippen und Geschlechter die Reiterhaufen oder die Schlachtkeile bilden."

Kampfweise der Germanen

Über die Kampfweise der Germanen berichtet uns der römische Geschichtsschreiber Tacitus:

Lassen wir Tacitus sprechen: Germania 6

"An Eisen ist kein Überfluss, wie die Art der Bewaffnung zeigt. Nur wenige Germanen haben ein Schwert oder eine größere Lanze. Sie tragen Speere oder wie sie selbst sagen, Framen, mit schmaler und kurzer Eisenspitze, die jedoch so scharf und handlich ist, dass sie dieselbe Waffe je nach Bedarf für den Nah- oder Fernkampf verwenden können. Selbst die Reiter begnügen sich mit Schild und Frame; die Fußsoldaten werfen auch kleine Spieße, jeder mehrere, und sie schleudern sie ungeheuer weit: sie sind halb nackt oder tragen nur einen leichten Umhang. Prunken mit Waffenschmuck ist ihnen fremd; nur die Schilde bemalen sie mit auffallenden Farben.

Wenige haben einen Panzer, kaum der eine oder andere einen Helm oder eine Lederkappe. Ihre Pferde zeichnet weder Schönheit noch Schnelligkeit aus. Sie werden auch nicht wie bei uns, zu kunstvollen Wendungen abgerichtet; man reitet geradeaus oder mit einmaliger Schwenkung nach rechts, und zwar in so geschlossener Linie, dass niemand zurückbleibt.

Aufs Ganze gesehen liegt ihre Stärke mehr beim Fußvolk, daher kämpfen sie auch in gemischten Verbänden. Hierbei passt sich die Behändigkeit der Fußsoldaten genau dem Reiterkampfe an: man stellt nur Leute vor die Schlachtreihe, die aus der gesamten Jungmannschaft ausgewählt sind. Auch ist ihre Zahl begrenzt: aus jedem Gau sind es hundert, und eben hiernach werden sie bei ihnen genannt, und was ursprünglich nur eine Zahlbezeichnung war, gilt nunmehr auch als Ehrenname.

Zum Kampfe stellt man sich in Keilen auf. Vom Platz zu weichen, wenn man nur wieder vordringt, hält man eher für wohlbedacht, nicht für feige. Ihre Toten bergen sie auch in unglücklicher Schlacht. Den Schild zu verlieren, ist eine Schmach ohnegleichen, und der so Entehrte darf weder an Opfern teilnehmen noch eine Versammlung besuchen, und so mancher, der heil aus dem Kriege zurückkehrte, hat seiner Schande mit dem Strick ein Ende gemacht."

Versammlung der Germanen

Die Germanen wollten die Bevormundung abschütteln. Es war an der Zeit, die Römer aus diesem Land hinauszuwerfen. Aber die Römer waren für die Germanen viel zu viele Menschen, die sie nicht einfach besiegen konnten. Die Germanen hatten meist nur Streitäxte, Speere und einfache Messer, die Waffen der Römer waren besser und schärfer als ihre Messer. Die Römer hatten Soldaten mit Schwertern und Rüstungen und waren kampferprobt.

Dem hatten die Germanen nichts entgegenzusetzen. Sie mussten etwas ersinnen, was die Römer überraschte und sie kampfunfähig machte. Die Germanen mussten das Gelände nutzen.

Arminius berief die Germanen ein zu einer Besprechung. Was sollten sie tun? Sie waren den Römern waffentechnisch weit unterlegen. In einer offenen Feldschlacht hätten sie gegen die Römer keine Chance gehabt.

Lassen wir Velleius Paterculus sprechen:
Historia Romana II 118
"(2) Es gab damals einen jungen Mann aus vornehmem Geschlecht, der tüchtig im Kampf und rasch in seinem Denken war, ein beweglicherer Geist als es die Barbaren gewöhnlich sind. Er hieß Arminius und war der Sohn des Segimer, eines Fürsten jenes Volkes. In seiner Miene und in seinen Augen spiegelte sich sein feuriger Geist. Im letzten Feldzug hatte er

beständig auf der Seite der Römer gekämpft und hatte mit dem römischen Bürgerrecht auch den Rang eines Ritters erlangt. Nun machte er sich die Indolenz (Lässigkeit) unseres Feldherrn Varus für ein Verbrechen zunutze. Es war kein dummer Gedanke von ihm, dass niemand leichter zu fassen ist als ein Nichtsahnender, und dass das Unheil meistens dann beginnt, wenn man sich ganz sicher fühlt. (3) Erst weihte er nur wenige, dann mehrere in seinen Plan ein. Die Römer könnten vernichtet werden, das war seine Behauptung, mit der er auch überzeugte. Er ließ den Beschlüssen Taten folgen und legte den Zeitpunkt für den Hinterhalt fest."

200 Jahre später schrieb Cassius Dio:
Römische Geschichte 56,18,1-19,1

"Die Anführer der Germanen versuchten sich wieder der früheren Herrschaft zu bemächtigen, und das Volk wollte lieber den altgewohnten Zustand als die fremde Tyrannei. Eine offene Empörung vermieden sie zwar, weil sie die große Zahl der Römer sowohl am Rhein als auch im Inneren ihres eigenen Landes sahen. Vielmehr empfingen sie Varus, als ob sie alle seine Forderungen erfüllen wollten, und lockten ihn so weit vom Rhein weg in das Gebiet der Cherusker und zur Weser. Auch hier verhielten sie sich so friedlich und freundschaftlich, dass sie ihn zu dem Glauben verleiteten, sie würden auch ohne militärischen Zwang die Knechtschaft ertragen. Daher hielt er auch seine Legionen nicht, wie es doch in Feindesland angebracht gewesen wäre, zusammen, sondern stellte zahlreiche Mannschaften zur Verfügung, wenn sie, weil sie selbst zu schwach seien, ihn darum zum Schutz gewisser Landesteile, zur Ergreifung von Räubern oder zum Geleit von Lebensmittelfuhren ersuchten."

Die geographische Besonderheit des Geländes

Es gab eine Möglichkeit, ohne viel Kraft die Römer zu besiegen. Man musste ihnen eine Falle stellen. Die Germanen kannten ihr Siedlungsgebiet sehr gut. Sie kannten jeden Baum und jeden Strauch. Sie kannten auch jeden kleinen Bach.

Bifurkation

Flüsse mit Nebenflüssen bilden ein Fluss-System. Das von einem Fluss mit allen seinen Nebenflüssen oberirdisch und unterirdisch entwässerte Gebiet nennt man Einzugsgebiet, es wird von Wasserscheiden begrenzt. Die Hase fließt von Ost nach West und sammelt das Wasser von verschiedenen kleinen Bächen. Wenn man alle Bäche an verschiedenen möglichen Stellen staut, sammelt sich das Wasser in kleinen oder größeren Stauseen. Öffnet man an einem Tag zu einer bestimmten Stunde alle Stauseen, bekommt die Hase entsprechendes Hochwasser. Dieses Hochwasser sollte den Römern zum Verhängnis werden.

Die Hase entspringt im Teutoburger Wald. Sie fließt bei Gesmold durch eine Ebene. In ebenen Gegenden sind die Wasserscheiden manchmal sehr wenig ausgeprägt, so dass das Wasser nach zwei verschiedenen Flussgebieten abfließen kann. Diese seltene geographische Besonderheit nennt man "Bifurkation". In der Nähe von Gesmold gibt es eine Bifurkation. Auf einer Wiese teilt sich die Hase. Zweidrittel des Wassers fließt als Hase zur Ems, eindrittel des Wassers fließt als Else zur Werre und damit in die Weser. Wenn man an der Bifurkation den Abzweig der Else verstopft, fließt das Wasser automatisch in der Hase weiter. Gleichzeitig kann man den Uhlenbach so umleiten, dass auch sein Wasser in der Hase weiterfließt.

In Osnabrück gibt es das Hasetor. Hier fließt die Hase zwischen zwei Bergen hindurch, die sehr eng an das Flussbett heranreichen. In Fließrichtung rechts ist der Gertrudenberg, ein ca. 100 m hoher Berg, links ist die Domplatte bzw. der Westerberg. Hier kann man das Fluss-System der oberen Hase von dem Fluss-System der unteren Hase trennen.

Am Hasetor in Osnabrück hatten die Germanen immer schon eine Brücke über die Hase. Sie verband den Gertrudenberg mit der Domplatte. Hier wollten die Römer ihr Stauwehr bauen. Die Brücke sollte gleich mit erneuert werden. Sie sollte sehr stabil sein, damit sie dem Wasserdruck standhalten konnte, wenn das Stauwehr geöffnet wurde.

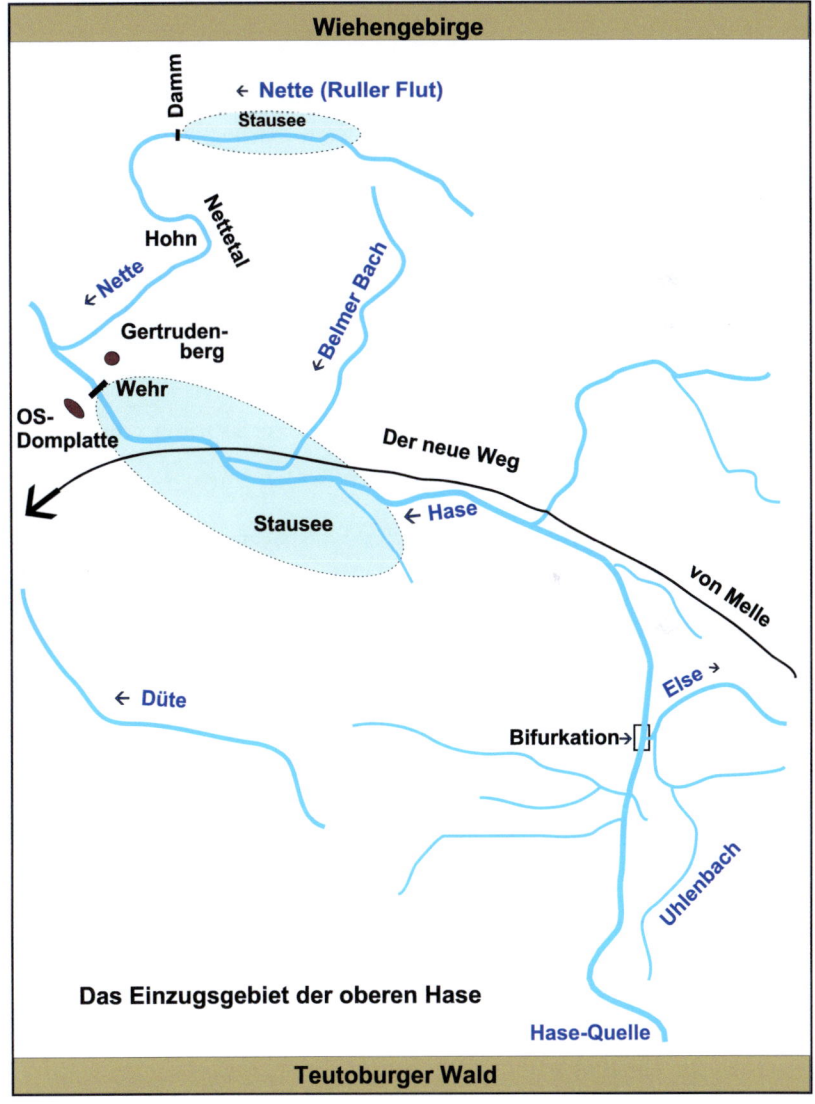

Die Germanen wollten das Stauwehr für ihre Zwecke nutzen, sie wollten die Römer vernichten. Wenn man dieses Stauwehr ganz abdichten könnte, so würde sich das Wasser der Hase zurück stauen. Dadurch könnte ein See entstehen, der bis zur Bifurkation reichen würde. Wenn das Wasser im See noch höher steigen sollte, würde es über die Else zur anderen Seite, zur Weser abfließen. Im Norden und Süden wäre der See begrenzt durch das Wiehengebirge und die Berge des Teutoburger Waldes. Hier könnte innerhalb eines Tages eine Moorlandschaft mit Bäumen und Sträuchern entstehen, die vorher nicht dagewesen war.

Die Düte ist ein linker Nebenbach der Hase, der nach dem Hasetor in die Hase mündet. Das Einzugsgebiet der oberen Hase ist somit vom Einzugsgebiet der Düte getrennt. Zwischen diesen beiden Einzugsgebieten gibt es eine Wasserscheide, die etwas erhöht werden musste, damit das Wasser aus dem Einzugsgebiet der Hase nicht in das Einzugsgebiet der Düte abfließen konnte.

Die Nette ist ein rechter Nebenbach der Hase. Sie mündet wie die Düte nach dem Hasetor in die Hase. Sie fließt von Ost nach West durch das Wiehengebirge und biegt dann nach Süden ab. Sie ist recht lang und hat selbst einige Nebenbäche. Sie fließt bei Icker durch einen großen Talkessel. An der Nette (Ruller Flut) bauten die Germanen einen Staudamm. Das Wasser sollte sich vor dem Damm sammeln und dann einen recht großen flachen Stausee bilden. Wenn der Staudamm geöffnet würde, sollte das Wasser in das Nettetal stürzen und das gesamte Tal überschwemmen.

Verrat

Segestes, der Schwiegervater von Arminius, versuchte Varus zu warnen. Aber Arminius, der Fürst der Cherusker, und Segimerus, Bruder des Segestes, waren für Varus außerordentlich vertrauenswürdig. Sie gingen in Varus Zelt aus und ein und waren oft seine Tischgäste. Sie kannten sich aus im Germanengebiet und hatten oft gute Lösungen für die römischen Probleme. Varus konnte sich nicht vorstellen, dass diese Leute gegen ihn selbst oder die Römer im Allgemeinen irgendwelche bösen Absichten haben könnten, als Segestes von bevorstehendem Unheil sprach und Varus warnte.

Lassen wir Velleius Paterculus sprechen:

Historia Romana II 118

"(4) Dies wurde dem Varus von Segestes hinterbracht, einem loyalen Mann jenes Volkes mit angesehenem Namen. Er forderte Varus auf, die Verschwörer in Ketten zu legen. Aber das Schicksal war schon stärker als die Entschlusskraft des Varus, und hatte die Klarheit seines Verstandes völlig verdunkelt. Denn so geht es ja: wenn ein Gott das Glück eines Menschen vernichten will, dann trübt er meistens seinen Verstand und bewirkt damit – was das beklagenswerteste daran ist – dass dieses Unglück scheinbar verdientermaßen eintrifft und sich Schicksal in Schuld verwandelt. Varus wollte es also nicht glauben und beharrte darauf, die offensichtlichen Freundschaftsbezeugungen der Germanen gegen ihn als Anerkennung seiner Verdienste zu betrachten. Nach diesem ersten Warner blieb für einen zweiten keine Gelegenheit mehr."

200 Jahre später schrieb Cassius Dio:

Römische Geschichte 56,18,19

"Die eigentlichen Häupter der Verschwörung und Anstifter des Anschlages und des Krieges waren aber vor allem Arminius und Segimerus, die Varus ständig begleiteten und oft auch seine Tischgäste waren.

Als Varus nun voll Selbstvertrauen war, nichts Böses erwartete und allen, die die Vorgänge mit Misstrauen betrachteten und ihn zur Vorsicht mahnten, nicht nur keinen Glauben schenkte, sondern sie sogar zurechtwies, weil sie sich grundlos beunruhigten und jene Männer verleumdeten, da erhoben sich als erste einige entfernt von ihm wohnende, und zwar nach abgesprochenem Plan, damit Varus, wenn er gegen diese zöge, auf dem Marsche leichter überrumpelt werden könne, da er ja durch Freundesland zu ziehen glaubte, und damit er nicht, wie bei einem plötzlichen allgemeinen Losschlagen besondere Sicherheitsvorkehrungen treffe.

Und so geschah es: sie begleiteten ihn beim Aufbruch, blieben dann aber zurück, um, wie sie sagten, die Streitkräfte der Bundesgenossen zusammenzuziehen und ihm so schnell wie möglich zu Hilfe zu kommen, übernahmen die Truppen, die irgendwo bereit standen, ließen die bei ihnen jeweils stationierten und vorher angeforderten Soldaten umbringen und zogen nun gegen ihn, als er schon in schwer passierbare Gebirgswälder geraten war. Und kaum hatte es sich herausgestellt, dass sie Feinde statt Unterworfene waren, da richteten sie auch schon unermessliches Unheil an. "

III   Rückweg im September

Abmarsch der Römer

Es war nun nicht mehr Sommer, die Tage wurden immer kürzer und die Nächte immer länger. Es wurde herbstlich. Die Temperaturen gingen langsam zurück. Der 1. September im Jahre 9 n. Chr. war nach dem Julianischen Kalender ein Sonntag. Varus beschloss also, den Abmarsch auf den 3. September festzulegen. Am Montag sollten die Sachen gepackt werden, damit es am 3. September morgens früh losgehen konnte. Die Legionen hatten ihre Arbeit für dieses Jahr beendet. Es war an der Zeit, ins Winterlager nach Haltern zurückzukehren.

Die neue Straße war inzwischen wunderbar ausgebaut und führte am Fuß des Wiehengebirges entlang Richtung Westen. Sie führte immer nördlich am Fluss entlang durch ebenes Gelände. Das hatte den Vorteil, dass stets genügend Trinkwasser vorhanden war. Sie schafften pro Tag ungefähr 15 Kilometer. Das war eine sehr gute Leistung.

Die Römer kamen ohne großen Aufenthalt gut voran. Sie zogen die Weser stromaufwärts und passierten die Porta Westfalica. Ihr Weg verlief zwischen dem Wiehengebirge und der Weser.

Das erste Nachtlager schlugen sie in der Dehmer Burg auf. Die Dehmer Burg hatten sie schon auf dem Hinweg als Nachtlager benutzt. Die mitgebrachten Palisaden wurden wie auf dem Hinweg wieder aufgestellt. Alles war ruhig. Die Germanen hielten sich zurück.

Dehmer Burg

Nichts sollte die Römer stören. Sie sollten sicher sein auf ihrem Weg ins Winterlager. Sie sollten ganz arglos in die Falle laufen. Die zweite Übernachtung war in Mennighüffen (Mühlenbach), die dritte in Bruchmühlen (Kilverbach) und die vierte Übernachtung war in der Nähe von Gesmold (Oldendorfer Mühlenbach). Die Römer schafften den Weg bis Osnabrück in 5 Tagen. Am 7. September kamen sie in Osnabrück-Fledder an.

Es war schlechtes Wetter, es regnete. Hier musste der gesamte Tross mit Menschen, Pferden, Wagen und Ausrüstung nun die Hase überqueren. Die Brücken hatten sie bereits fertig gestellt, so dass die Legionen am Abend komplett das Nachtlager auf dem linken Hase-Ufer, dem "Fledder", aufschlagen konnten. Der "Fledder" war ein ödes und leeres Feld, unfruchtbar und fast ohne Pflanzenbewuchs, ideal für ein großes römisches Feldlager. Anschließend wurden die Brücken abgebaut und auf Wagen verladen. Die Brückenteile wurden für spätere Flussüberquerungen noch benötigt. Zur Sicherheit wurde wie gewohnt ein Erdwall mit Palisaden um das Lager herum aufgerichtet und die Zelte aufgestellt. Es wurden Feuer entzündet und das Abendessen zubereitet.

Trotz Regen waren die Römer guter Dinge. Sie waren der Heimat ein großes Stück näher gekommen. Für den nächsten Tag mussten sie sich mit Wasser eindecken, denn sie kamen nun in bergiges Land. In dieser Nacht war der Mond nicht zu sehen. Es war Neumond. Aber das war für die Römer nicht so wichtig, sie hatten ja ihre Feuer, die das Lager erleuchteten.

Zur Sicherheit wurden Wachen aufgestellt. Irgendwo im Bergland sollte es Aufstände gegeben haben, aber das beunruhigte die Römer nicht weiter, denn Arminius war mit seinen Hilfstruppen bereits unterwegs, um die Revolte niederzuschlagen. Sie legten sich zur Ruhe, am nächsten Morgen wollten sie bei Tagesanbruch weiterziehen. Nichts deutete auf eine eventuelle Gefahr hin. Die Germanen waren nicht zu sehen. Aber die waren nicht untätig.

Schließung des Hasetors

Als die Römer noch mit der Haseüberquerung beschäftigt waren, kam die Stunde der Germanen. Gegen Abend schlossen sie das Stauwehr am Hasetor. Sie mussten schnell arbeiten, um bei Anbruch der Dunkelheit fertig zu sein. Die Sperrung gelang. Das Wasser staute sich zurück. Langsam füllte sich das Flussbett und trat dann über die Ufer. Das Wasser breitete sich zu beiden Seiten aus und bildete einen See, erst in der Nähe des Stauwehrs, dann immer weiter ins Land hinein. Der Flusslauf war bald nicht mehr zu erkennen.

Gleichzeitig wurden Else und Uhlenbach umgeleitet in die Hase. Diese beiden Bäche änderten jetzt ihre Richtung. Das Wasser floss nun nicht mehr nach Osten sondern nach Westen in die Hase hinein. Überall öffneten die Germanen ihre Stauseen. Das Wasser floss nun aus den Bächen ungehindert in die Hase. Die Hase bekam dadurch immer mehr Hochwasser. Die Germanen, die dieses Tal bewohnten, verließen ihre Häuser und richteten sich auf den Kampf ein.

Die große Flut – Die große Panik

Als es dunkel war, kam das Wasser im Zeltlager an. Es kam langsam, der Wall hielt das Wasser zunächst auf. Es stieg langsam immer höher und durchbrach dann plötzlich die Palisaden. Die am Boden liegenden Decken wurden nass. Die Römer wurden wach, sie waren überrascht. Sie gerieten in Panik. Woher kam das Wasser? In der Dunkelheit konnten sie nichts sehen. Die Feuer waren durch das eindringende Wasser ausgelöscht. Es war stockfinster. Es war Neumond.

Im Lager begann das Chaos. Die Füße waren nass. Die Schuhe nicht zu finden. Die Kleidung war nass und kalt. Die Tiere waren unruhig und brachen aus ihren Ställen aus. Das Wasser stieg langsam immer höher. Keiner wusste wo das viele Wasser herkam. Der Wasserstand im Fluss war doch gestern noch ziemlich niedrig gewesen!

Sie wollten so schnell wie möglich aus dem Wasser heraus. Sie rannten kopflos hin und her. Sie hatten sich selbst eingesperrt in ihrem Palisadenwall. Der Wall war stabil. Sie konnten nicht fliehen. Es gab eine Massenpanik auf engstem Raum. Sie schrieen in Todesangst.

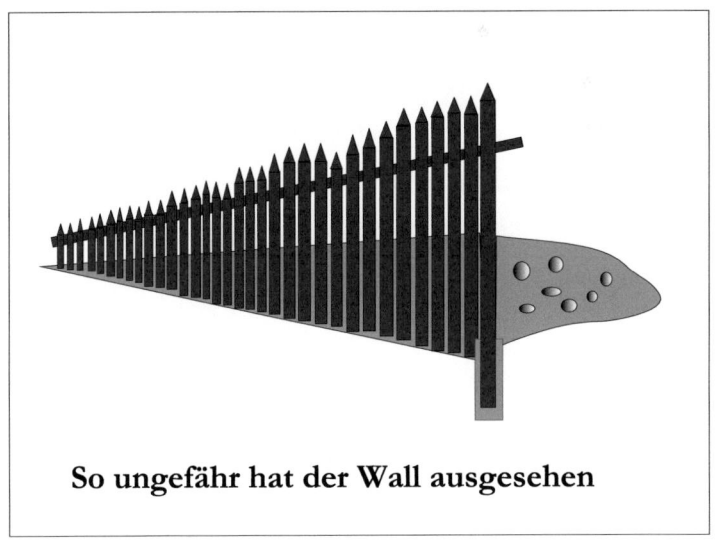

So ungefähr hat der Wall ausgesehen

Derweil stieg das Wasser immer höher. Sie rannten sich um. Sie zerquetschten sich und trampelten sich gegenseitig tot. Sie rissen die Zelte aus ihren Verankerungen und stolperten über ihr Marschgepäck. Sie wateten durch das Wasser. An Nachtruhe war nicht zu denken. Wohin sollten sie sich wenden? Man konnte nicht die Hand vor Augen sehen. Das Chaos war unbeschreiblich. Die Schreie waren ohrenbetäubend. Dann wurde es langsam stiller und stiller. Sie hatten sich total verausgabt.

Und die Germanen sangen:

Und dann fingen sie an zu trippeln	*Un dann fäng'n se an teo höppeln,*
dass sie quakten aus den Tümpeln.	*dat se quaken iut de Pöppeln.*
Trieben sie alle in den Teich	*Drieben se alle in'nen Kolk,*
dass das ganze Läusevolk	*dat dat ganze Liusevolk,*
möge darin ertrinken.	*möchte drin versiupen.*

Ausbruch der Römer

In der Ferne brannte ein Feuer. Dort waren Menschen. Im Lager war das Wasser inzwischen knietief. Sie schrieen und gerieten immer mehr in Panik und stürmten in Richtung Licht. Irgendwann rannten sie die Palisaden um. Sie stürmten in Richtung Hase.

Sie jagten auf die ausgehobenen Gruben und Gräben zu. Sie fielen in die Fallgruben, die die Germanen für sie vorbereitet hatten und die inzwischen mit Wasser vollgelaufen waren. Sie versanken einfach in den Löchern.

Die Römer machten kehrt und versuchten, die Richtung zu ändern, um an anderen Stellen den See zu verlassen. Das war nicht möglich, denn die eigenen Leute drängten nach und rannten sie einfach um. Es war ein unbeschreibliches Chaos. Die nachfolgenden Menschen traten auf ihre Köpfe und ihre Körper.

Die Hase war inzwischen 2 m tief. So etwas hatten sie noch nie erlebt. Damit hatten die Römer nicht gerechnet. Sie stürzten in den Fluss und ertranken. Die wenigsten Römer konnten schwimmen. Einige Römer erreichten das rettende Ufer und wurden von den Germanen zurückgestoßen, zurück in den Fluss. Andere rannten auf das Feuer zu, das die Germanen auf dem "Lechtenbrink" angezündet hatten. Dort aber standen die Krieger der Germanen und brachten sie um.

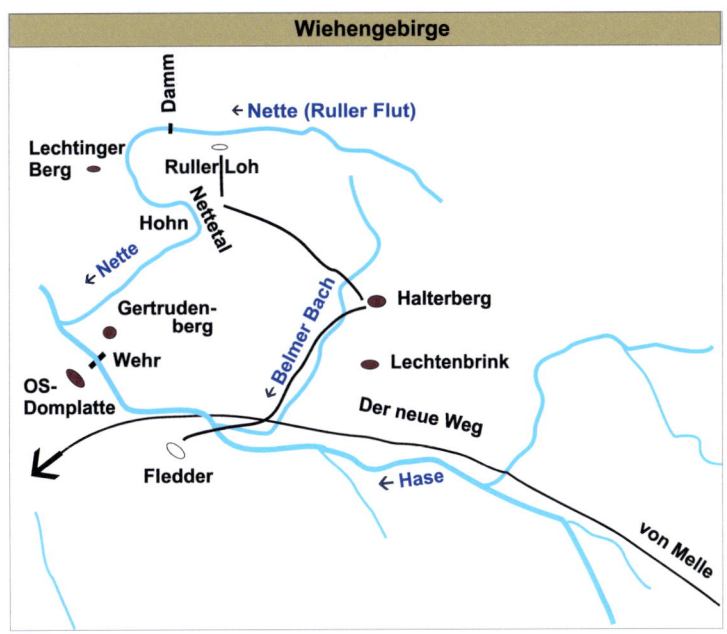

Sie warteten sehnsüchtig auf den Tagesanbruch. Endlich wurde es hell, die Nacht war zu Ende.

Jetzt sah man die Bescherung. Wasser, soweit das Auge reichte. Wo war der Fluss, wo war die Straße? Aus dem Nichts war ein See entstanden. Es war nicht daran zu denken, die Waffen, die Zelte oder die Vorräte zu bergen. Es war unmöglich, in den See hineinzugehen um irgendetwas zu holen. Sie hatten nur das nackte Leben retten können. Das Lager und der See waren übersät mit Leichen. Der Anblick war grauenvoll.

Das Wasser war kalt, der Wind war kalt, es war September, es regnete wieder und die Kälte breitete sich über den ganzen Körper aus. Nur weg von hier. Ihr Weg führte eigentlich nach Süden, nach Haltern an der Lippe. Aber sie waren von Osten gekommen. In kleinen Gruppen machten sie sich auf den Weg. Sie waren kopflos weggerannt und auf Verteidigung nicht vorbereitet. Ihre Waffen lagen irgendwo im Zelt und das Zelt lag im Wasser.

Sie hatten gestern die Hase überquert, doch wo war die Hase? Das Flussbett war kaum zu erkennen. Die Hase war jetzt so tief, dass die Römer darin ertrinken mussten. Das Wasser stieg immer noch. Die Zelte abzubrechen war nicht möglich. Sie waren aus den Verankerungen gerissen und untergegangen und mit ihnen das gesamte Inventar wie Vorräte und Waffen und persönliche Habe.

Belmer Bach

Einige rannten den Belmer Bach hinauf, andere wandten sich in Richtung Gertrudenberg. Aber dort war das Hauptquartier der Germanen. Wer hier in die Nähe kam wurde sofort umgebracht. In der Dodesheide war die Verpflegungsstation der Germanen. Die Römer mussten umdrehen und wandten sich in die andere Richtung. Sie schlugen sich durch das Unterholz und in die Berge hinein. Das Unterholz war dicht und die Zweige schlugen ihnen ins Gesicht. Dornen ritzten die Haut auf und die Haut juckte von den vielen Brennnesseln.

Sie rannten immer weiter, kopflos. Irgendwann sammelten sie sich auf dem Halterberg. Sie waren der Hölle entkommen. Sie waren einfach blindlings weggerannt. Die wenigsten hatten überhaupt etwas mitgenommen. Sie hatten nichts, keine Lebensmittel, keine Waffen, nichts. Ihr Zwieback, ihr Brot war sowieso nicht mehr zu gebrauchen. Sie waren nass und durchgefroren.

Sie trauten sich nicht, ein Feuer zu entzünden, aus Angst sich zu verraten. Sie froren erbärmlich. Erst einmal waren sie in Sicherheit. Notdürftig bauten sie ein Lager. Sie hatten kein Zelt, keine Decke, nichts. Es gab auch nichts zu essen. Tiere zu fangen war mit bloßen Händen praktisch unmöglich. Die Felder waren abgeerntet. Sie waren es nicht gewohnt, sich selbst zu versorgen.

Was gibt es im September im Wald? Es gibt Nüsse, Bucheckern, die essbar sind, es gibt Beeren, es gibt Pilze, einige sind essbar, andere sind giftig. Die Unterscheidung ist schwierig. Sie waren völlig durchnässt. Es stellten sich Erkältungs-Krankheiten ein, sie bekamen Grippe mit Fieber und schlimmere Krankheiten wie Lungenentzündung oder Vergiftungen durch ungenießbare Früchte.

200 Jahre später schrieb Cassius Dio:
Römische Geschichte 56,20,1-5
"Das Gebirge war nämlich reich an Schluchten und uneben, die Bäume standen dicht und waren überhoch gewachsen, so dass die Römer schon vor dem feindlichen Überfall mit dem Fällen der Bäume, dem Bauen von Wegen und Brücken, wo es sich erforderlich machte, große Mühe hatten.

Sie führten auch viele Wagen und Lasttiere mit sich, wie mitten im Frieden. Dazu folgten ihnen nicht wenige Kinder und Frauen sowie der übrige riesige Tross, so dass sie schon deshalb weit auseinander gezogen marschieren mussten.

Denn da sie nicht irgendwie geordnet, vielmehr mitten zwischen den Wagen und dem unbewaffneten Tross marschierten, sich auch nicht so leicht zusammenschließen konnten und so den immer wieder angreifenden Feinden jeweils an Zahl unterlegen waren, erlitten sie viele Verluste, ohne selbst dagegen irgendetwas auszurichten. Sobald sie einen geeigneten Platz gefunden hatten, soweit dies in einem Waldgebirge überhaupt möglich war, schlugen sie dort ein Lager auf, dann verbrannten sie die Mehrzahl der Wagen und alles andere, was sie nicht unbedingt brauchten, oder ließen es zurück, brachen dann am anderen Morgen in etwas besserer Ordnung auf, so dass sie bis zu einer Lichtung kamen; doch war ihr Abzug nicht ohne blutige Verluste geblieben.

Von dort brachen sie erneut auf und gerieten wieder in die Wälder, wehrten sich zwar gegen ihre Angreifer, doch brachte gerade dies ihnen die Verluste; denn wenn sich auf dem engen Raum Reiter und Fußsoldaten zusammenschlossen, um sie gemeinsam anzugreifen, kamen sie zu Fall, weil sie entweder übereinander oder auch über die Baumwurzeln stolperten."

Ausbruch des Varus

Varus, seine Legaten und Tribunen hatten im Wagen übernachtet. Sie hatten vom Wassereinbruch nichts mitbekommen. Was war da los? Warum das Geschrei? Sie konnten auch nichts sehen. Was war passiert? Varus erkannte sofort, dass das die Falle war, die Segestes angekündigt hatte. Was sollte er machen? Die Legaten und die Reiter waren besser vorbereitet und hielten ihre Waffen und ihre Verpflegung griffbereit. Aber auch bei ihnen machte sich Panik breit.

Und die Germanen sangen:

Varus geriet in einen Sumpf,

verlor zwei Stiefel und einen Strumpf

und blieb elend stecken.

Sie legten ihre Rüstungen an, legten ihre Waffen zurecht und warteten auf den Tagesanbruch. Beim Morgengrauen fingen sie ihre Pferde wieder ein und stürmten davon.

Und die Germanen sangen:

Nur die römische Reiterei

rettete sich in das Freie

denn sie war zu Pferde.

Doch wo sollten sie hin? Das Beste ist immer noch Rückzug. Sie ritten den Weg zurück, den sie gekommen waren. Sofort rasten die Reiter der germanischen Hilfstruppen um Arminius hinterher. Sie verfolgten die Römer. Diese ritten bis Melle den befestigten Weg entlang und versteckten sich in den Meller Bergen. Die Pferde brauchten unbedingt eine Pause. Sofort wurden Gräben ausgehoben und Schutzwälle aufgeworfen zur Verteidigung. Aber die Germanen waren gut vorbereitet und griffen die Römerschanzen an. Der Kampf wogte hin und her.

Römerschanzen

Die Germanen griffen auch die Pferde an. Die Römer konnten das nicht zulassen. Sie flüchteten und ritten am Zwickenbach entlang tiefer in das Wiehengebirge hinein. Die Germanen natürlich hinterher. Am Holzhauser Berg wurde das Gebirge immer steiler und anstrengender.

Die Römer kamen nur langsam voran. Die Germanen kannten das Gelände und holten sie ein. Immer weiter ging es in das Gebirge hinein. Sofort wurden neue Schanzen gegraben zur Verteidigung. Im Gebiet "Auf dem Fledder" (bei Bad Essen) kam es zur Entscheidungsschlacht. Mit ihren Speeren zielten die germanischen Hilfstruppen auf die Pferde der Römer und brachten ihnen Wunden bei. Die Pferde wurden unkontrollierbar. Sie glitten in ihrem eigenen Blute und auf dem schlüpfrigen Boden aus und warfen die Reiter ab, trieben die Leute auseinander und zerstampften die am Boden liegenden.

Die Germanen überwältigten die Römer. In auswegloser Situation stürzten sich Varus und die Legaten in ihr eigenes Schwert und brachten sich um. Arminius und seine Truppen schlugen ihnen die Köpfe ab. Die Trophäen nahmen sie mit als Opfergabe für ihre Götter. Sie machten auch Gefangene.

Die großen Bäume nutzten sie als Galgen und hingen die Gefangenen auf. Arminius wickelte den Kopf des Varus in Varus' Mantel und nahm ihn mit. Die Leichen ließen sie einfach hängen.

Auf dem Fledder

Lassen wir Velleius Paterculus sprechen:

Historia Romana II 119

"(3) Der Führer hatte mehr Mut zum Sterben als zum Kämpfen. Nach dem Beispiel seines Vaters und Großvaters durchbohrte Varus sich selbst mit dem Schwert.

(4) Von den beiden Lagerpräfekten aber gab der eine ein heldenhaftes, der andere ein erbärmliches Beispiel. Der erstere bot, nachdem der größere Teil des Heeres schon umgekommen war, die Übergabe an: Er wollte lieber hingerichtet werden als im Kampf sterben. Der zweite aber, ein Legat des Varus, sonst ein ruhiger und besonnener Mann, gab ein abschreckendes Beispiel: Er beraubte die Fußsoldaten des Schutzes durch die Reiterei, machte sich mit den Schwadronen auf die Flucht und suchte den Rhein zu erreichen. Jedoch das Schicksal rächte seine Schandtat: Er überlebte seine Kameraden nicht, von denen er desertiert war, sondern fand als Deserteur den Tod.

(5) Den halbverkohlten Leichnam des Varus rissen die Feinde in ihrer Rohheit in Stücke. Sie trennten sein Haupt ab und sandten es zu Marbod, dem Markomannen-König. Dieser schickte es zu Caesar Augustus, der ihm trotz allem die Ehre eines Familienbegräbnisses gewährte."

200 Jahre später schrieb Cassius Dio:

Römische Geschichte 56,20,1-5

"Da entschlossen sich Varus und die übrigen hohen Offiziere aus Furcht, lebendig gefangen oder gar von ihren erbittertsten Feinden umgebracht zu werden, zumal sie bereits verwundet waren, zu einer furchtbaren, aber notwendigen Tat: sie töteten sich selbst.

Als dies bekannt wurde, da gab auch jeder andere, selbst wenn er noch bei Kräften war, seinen Widerstand auf. Die einen folgten dem Beispiel des Feldherrn, die anderen warfen ihre Waffen weg und ließen sich von dem ersten besten töten, denn an Flucht war überhaupt nicht zu denken, selbst wenn man es noch so gern gewollt hätte. So wurde denn ohne eigene Gefahr alles niedergemetzelt, Mann und Ross."

Und die Germanen sangen:

Varus bekam einen großen Schrecken.	*Varus kräg'n grauden Schrecken.*
"Kinder, das ist zum verrecken,	*"Kinner, dat is teun verrecken,*
Titus hole dein Schwert heraus,	*Titus, kriug duin Schwiert herriut,*
steck es mir hinten durch die Haut,	*steck'et mui ächten dör de Hiut,*
mitten in den Magen."	*midden in den Panzen."*

Halterberg

Die römischen Fußsoldaten waren die Berge hinauf gerannt und verschanzten sich auf den Bergkuppen um den Halterberg. Sie schlugen dort ein notdürftiges Lager auf und befestigten es. Ihre Körper waren unterkühlt und sie benötigten unbedingt Wärme. Jetzt saßen sie auf den Bergen fest. Auf den Bergen gab es nur Wald. Es gab kaum etwas zu essen und auf den Bergkuppen gab es auch kein Wasser. Das Wasser fließt in Bächen durch das Tal. Sie konnten nicht einmal ein Feuer anzünden, es war alles nass.

Halterberg

Auf diesem Berg konnten sie nur diese eine Nacht verbringen, dann mussten sie unbedingt weiterziehen. Sie hatten nichts mitnehmen können. Alle Lebensmittel waren durchnässt und unbrauchbar geworden. Unten im See waren die Zelte, vereinzelt sah man Spitzen aus dem Wasser herausragen. Sie konnten nicht dahin zurückgehen. Sie trugen nur ihr Geld am Körper, aber sie konnten es nicht gegen Essen eintauschen. Auf diese Katastrophe waren sie nicht eingestellt. Im Morgengrauen wollten sie den Berg verlassen um weiterzuziehen.

Der nächste Tag

Ein paar Germanen kamen, um ihnen den Weg zu zeigen. Sie boten sich als Führer an. Die Römer waren dankbar für diese Hilfe und folgten den Germanen. Diese lockten sie aber immer tiefer in das unwegsame Bergland hinein. Plötzlich waren da die Krieger der Germanen, die sie umzingelten und angriffen. Sie beschossen sie mit Pfeilen und Speeren brachten ihnen weitere Wunden bei. Die Germanen trieben sie mit ihren Forken vor sich her. Sie rannten wieder um ihr Leben. Sie versteckten sich im Gebüsch.

Und die Germanen sangen:

Da auf einmal hinter den Sträuchern,	*Do up eimol ächtern Hüchten,*
fing es grässlich an zu leuchten,	*fäng et griulich an teo lüchten,*
Hermann griff die Römer an,	*Hiärm de gräp de Römer an,*
fasste sich sofort den größten Mann,	*kräg sich bius den grössten Mann,*
steckte ihn auf die Forke.	*stak'en up de Furken.*

200 Jahre später schrieb Cassius Dio:
Römische Geschichte 56,20,1-5

"Gleichzeitig brachen noch heftiger Regen und Sturm los und zersprengten sie noch mehr; der Boden, der um die Wurzeln und unten um die Baumstämme herum schlüpfrig geworden war, machte jeden Schritt zu einer Gefahr, und abbrechende und herabstürzende Baumkronen schufen ein großes Durcheinander.

Während sich die Römer in einer derart verzweifelten Lage befanden, kreisten sie die Barbaren, die ja alle Schleichwege kannten und unvermutet selbst aus den dichtesten Wäldern hervorkamen, von allen Seiten zugleich ein. Anfangs schossen sie nur von weitem, dann aber, als sich keiner wehrte und viele verwundet wurden, begannen sie den Nahkampf...

Ja, nicht einmal ihre Waffen konnten sie gebrauchen. Sie konnten weder ihre Bogen spannen noch ihre Speere (Wurfspieße) wirksam schleudern, nicht einmal ihre Schilde konnten sie gebrauchen, weil sie vom Regen völlig durchweicht waren. Ihre Feinde dagegen waren größtenteils leicht bewaffnet und konnten sich daher ohne Schwierigkeiten nähern oder zurückziehen, und sie litten weit weniger unter dem Wetter.

Außerdem war die Zahl der Feinde enorm angewachsen, da viele derjenigen, die zunächst gezögert hatten, nun in der Schlacht dabei waren in der Hoffnung, Beute zu machen. Daher war es ihnen ein leichtes, die Römer, deren Reihen sich gelichtet hatten, da sie viele Männer bei den vorangegangenen Kämpfen verloren hatten, zu umzingeln und zu schlagen."

Aber die Germanen kannten sich aus und jagten die Römer immer weiter vor sich her. Sie zersprengten sie in kleine Gruppen um sie besser angreifen und totschlagen zu können. Das Feuer auf dem "Lechtinger Berg" gab die Richtung vor. Sie trieben die Römer immer weiter durch die Wälder bis zum Nettetal. Der Weg war weit und die Flüchtenden konnten sich kaum noch auf den Beinen halten. Die Nette fließt hier durch eine Schlucht.

Nettetal

Und dann, oben auf der Plattform über der Schlucht, auf dem "Ruller Hohn", hoch oben auf seinem Pferd, stand stolz der Reiter Arminius. Er triumphierte und hielt den abgeschlagenen Kopf des Varus in die Höhe. Er verspottete die Römer und ihre Adler und ihre Feldzeichen, die den Römern wichtig waren. Er nahm ihnen jeden Lebensmut. Er machte sich lustig über die hilflosen Römer.

Die nächste Flut

Was dann kam, war noch viel schrecklicher. Die Germanen öffneten den Stausee der Nette. Es wurde schon dunkel, als das Wasser der gestauten Nette in das Nettetal stürzte. Die "Ruller Flut" kam.

Ruller Flut

Die Römer gerieten wieder in Panik. Wieder kam das Wasser und die Römer flüchteten. Sie versuchten, die Schlucht zu verlassen, die steilen Berghänge hinaufzuklettern, aber die Germanen ließen das nicht zu. Nur vereinzelt schafften es die Römer, ihren Angreifern zu entkommen.

Nachtlager an dem Ruller Loh

Sie sammelten sich erschöpft an dem "Ruller Loh", einem Waldstück, und schlugen dort ihr Nachtlager auf. Sie waren restlos fertig. Die Kameraden waren fast alle tot. Sie hatten immer noch nichts gegessen. Aber es gab nichts.

Lassen wir Vegetius sprechen:

"Hunger verursacht größere Verluste in einer Armee als der Feind, und er ist schrecklicher als das Schwert."

Am nächsten Morgen wollten sie wieder weiter. Doch die Germanen waren schon wieder da. Die Römer hatten diesem Angriff nichts mehr entgegenzusetzen. Sie wollten einfach nur weg. Aber hier war die nächste Falle. Die Nette fließt bei Icker durch ein langes breites Tal. Die Talsperre war jetzt zwar leer, aber der Boden war matschig und so schlammig, dass die Römer in diesem Morast versanken. Sie waren jetzt so schwach und ließen sich einfach totschlagen. Auch ein Entkommen über den roten Hügel war nicht mehr möglich. Die Katastrophe war unabwendbar. Nur wenige Römer konnten dieses Massaker überleben. Die römischen Legionen waren total aufgerieben.

200 Jahre später schrieb Cassius Dio:
Römische Geschichte 56,20,1-5

"So brach der vierte Tag ihres Marsches an, als erneut ein starker Regen und ein furchtbarer Sturm sie überfielen, so dass sie weder vorwärts kommen noch fest auf der Stelle stehen, ja nicht einmal ihre Waffen gebrauchen konnten. Denn Pfeile, Wurfspieße, sogar auch die Schilde waren, da alles völlig durchnässt war, kaum zu benutzen.

Die Feinde dagegen, die größtenteils leicht bewaffnet waren und ohne Gefahr die Möglichkeit zum Angriff und Rückzug hatten, traf das weniger. Dazu konnten sie, da ihre Zahl sich stark vergrößert hatte – denn von den übrigen, die vorher noch vorsichtig gewesen waren, eilten viele herbei, hauptsächlich um Beute zu machen – jene, deren Zahl sich bereits verringert hatte – denn viele waren in den vorhergehenden Kämpfen gefallen -, leichter umzingeln und niederhauen."

Lassen wir Velleius Paterculus sprechen:

Historia Romana II 119

"(1) Den Ablauf dieser schrecklichen Katastrophe – die schwerste Niederlage der Römer gegen auswärtige Feinde – werde ich in meinem größeren Geschichtswerk ausführlich darzustellen versuchen, hier sei des Ereignisses nur mit Trauer gedacht. Die tapferste Armee von allen, führend unter den römischen Truppen, was Disziplin, Tapferkeit und Kriegserfahrung angeht, wurde durch die Indolenz des Führers, die betrügerische List des Feindes und die Ungunst des Schicksals in einer Falle gefangen. Weder zum Kämpfen noch zum Ausbrechen bot sich ihnen, so sehnlich sie es sich auch wünschten, ungehindert Gelegenheit, ja einige mussten sogar schwer dafür büßen, dass sie als Römer ihre Waffen und ihren Kampfgeist eingesetzt hatten. Eingeschlossen in Wäldern und Sümpfen, in einem feindlichen Hinterhalt, wurden sie Mann für Mann abgeschlachtet, und zwar von demselben Feind, den sie ihrerseits stets wie Vieh abgeschlachtet hatten – dessen Leben und Tod von ihrem Zorn oder ihrem Mitleid abhängig gewesen war."

Lassen wir Strabo sprechen: Geographica 1 Kap. 17

"Ich brauche keine Beispiele für die Vorteile der Ortskenntnis aus der Vergangenheit: der jetzige Feldzug der Römer gegen die Germanen ist ein hinreichendes Beispiel dafür, wo die Barbaren in unzugänglichen Sümpfen und Wäldern und Einöden das Gelände für sich kämpfen lassen, das Nahe für die Unkundigen fern machen und die Straßen sowie den Reichtum an Nahrung und das Übrige dem Blick entziehen."

Die Siegesfeier der Germanen

Die Siegesfeier der Germanen fand am Teigtrog und Backofen des Teufels statt.

Und die Germanen sangen:

Als das Schlagen nun war zu Ende,	*As dat Schlon niu was tiu enne,*
wusch sich Hermann seine Hände,	*woschk sich Hiärm suine Hänne,*
rief dann: "Jungen kommt alle mal her!"	*räup dann: "Jungens,kumet alle mol her!"*
Und dann kam das ganze Heer	*Un dann kämp dat ganze Heer,*
und fing an zu trinken.	*un fäng an teo siupen.*
Bier gab es und Schweineschinken,	*Beier gaft und Schwuineschinken,*
auch die Frauen mochten trinken,	*auk de Wuiwer mochten drinken,*
und Thusnelda und ihr Mann	*un Thusnelda un ehr Mann,*
tranken einen Schwips sich an,	*siupen sick'en Lüttken an,*
dass es nur so dampfte.	*dat et man säu dompet.*

Teufels Backofen

Öffnung des Hasetors

Als alles vorbei war, öffneten die Germanen wieder das Hasetor, so dass das Wasser ablaufen konnte. In ihren 'Heiligen Hainen' hingen sie die Köpfe der Legaten an den Bäumen auf. Sie dankten ihren Göttern, dass diese Schlacht so gut abgelaufen war und brachten ihnen Opfergaben dar.

Den Kopf des Varus sandte Arminius per Kurier an den Markomannen-könig Marbod. Dieser stand loyal zum Kaiser Augustus und sandte den Kopf weiter nach Rom.

Die Germanen machten reichlich Beute. Alle brauchbaren Gegenstände, Eisenteile, Waffen, Messer, Münzen, Kleidung, auch Nahrungsmittel, Zelte und Wagen, auch lebende Tiere nahmen sie mit. Die toten Römer ließen sie liegen. Es war für sie sowieso unmöglich, die Masse der Leichen zu bestatten. Von nun an mieden sie diesen Ort.

Und die Germanen sangen:

In dem Teutoburger Wald,	*In den Teutoburger Walle,*
pfiff der Wind so unangenehm kalt.	*ging de Wind so unwuis kalle,*
Krähen flogen durch die Luft,	*Kräggen flögen dör de Luft,*
und es war solch schlechter Duft	*un et was son schlechten Duft,*
wie von toten Menschen.	*as van dauden Minsken.*

Teufelsheide

Reaktion des Kaisers Augustus

Die Siegesfeierlichkeiten in Rom über den Sieg des Pannonien-Feldzuges waren noch nicht ganz beendet, als die Nachricht aus Germanien eintraf. Der Verlust der drei Legionen unter Varus war vollkommen überraschend gekommen. Es hatte vorher keinerlei Anzeichen für Unruhen, Aufstände oder Truppenbewegungen gegeben. Varus hatte gemeldet, alles sei ruhig und friedlich.

Und die Germanen sangen:

Kaiser Augustus saß beim Essen,	*Kaiser Justus sat buin ierten,*
er wollte gerade einen Pfau aufessen.	*hei woll just' nen Piggeläun upfrieten.*
Da kam nun die Nachricht an,	*Do kamp niu de Noricht an,*
dass sein Heer mit Ross und Mann	*dat suin Heer met Ross un Mann,*
wäre beim Kohltopf geblieben.	*wör buin Kaulpodde blieben.*
"Varus" rief er, "lieber Vetter,	*"Varus" räp hei, "leive Vedder,*
gib mir die Soldaten wieder".	*gif mui de Saldoten wuier."*
Doch sein Sklave Jüsken Schmidt	*Doch suin Sklave Jüsken Schmett,*
rief von draußen durch den Fensterladen,	*räup van buiten dür dat Lett:*
"Die sind alle tot!"	*"De sin olle daude!"*

Tiberius eilte nach Xanten, um die Lage zu beruhigen. Die Angst vor den Germanen war immens. Er achtete darauf, den Germanen keinen Grund für einen erneuten Angriff zu liefern und blieb auf der linken Rheinseite. Aber die Germanen verfolgten die Römer nicht weiter.

200 Jahre später schrieb Cassius Dio:

Römische Geschichte 56/23-24

"Auf die Nachricht von dem Missgeschick des Varus hin, zerriss Augustus sein Gewand, und war tief bekümmert über die Verluste an Menschenleben, und voller Besorgnis wegen der gallischen und germanischen Provinzen. Vor allen Dingen glaubte er Italien und Rom selbst bedroht. War doch hier keine nennenswerte waffenfähige Mannschaft mehr vorhanden, und die Bundesgenossen, die nur irgend zu brauchen waren, hatten auch sehr gelitten.

Trotzdem traf Augustus alle Vorkehrungen, die bei der gegenwärtigen Lage der Dinge möglich waren. Weil sich keiner der Kriegspflichtigen ausheben lassen wollte, wurde von den noch nicht über 35 Jahre alten Leuten regelmäßig jeder fünfte, und von den älteren jeder zehnte Mann ausgelost, und durch Konfiskation des Vermögens und Entziehung der römischen Bürgerrechte bestraft. Als sich schließlich auch so noch sehr viele ihrer Pflicht entziehen wollten, ließ er einige sogar hinrichten.

Von alledem, was sonst üblich war, geschah nichts; auch Feste wurden nicht gefeiert. Die Kunde jedoch, dass ein Teil des Heeres mit dem Leben davon gekommen, dass Germanien von römischen Truppen besetzt sei, und dass sich der Feind nicht bis zum Rhein vorgewagt habe, ließ den Kaiser wieder aufatmen und gab ihm seine ruhige Überlegung wieder."

Nach dieser schrecklichen Niederlage wurde die Rheinarmee nicht nur personell ausgeglichen sondern ansehnlich verstärkt. Die Angst der Römer vor den Germanen war groß. Die Armee wurde erweitert auf jetzt 8 Legionen und zusätzliche Hilfstruppen. Tiberius übernahm wieder das Kommando in Germanien. Die Kommandogewalt wurde in zwei Teile aufgeteilt, das südliche Hauptlager wurde Mainz, das nördliche Hauptlager Xanten.

Im Jahre 10 gab es keine Gefechte mit den Germanen, im Jahre 11 gab es kleinere Scharmützel in der Nähe des Rheins. Auch das Jahr 12 verging ohne größere Vorkommnisse. Im Jahre 13 übernahm Germanicus den Oberbefehl über die Truppen am Rhein. Auch in diesem Jahr blieb die Lage ruhig.

Lassen wir Tacitus sprechen: Ann 1, 1

"Augustus machte im Jahre 11 n. Chr. Germanicus Gajus Julius Caesar, den Sohn des Drusus zum Befehlshaber über die 8 Legionen, die am Rhein standen. Der einzige Krieg, der zu dieser Zeit noch andauerte, war der gegen die Germanen; er sollte mehr die Schande des unter Quinctilius Varus verlorenen Heeres tilgen als den Wunsch nach Ausdehnung des römischen Reiches."

Der Kaiser Augustus starb am 19. 8. 14. Sein Nachfolger und neuer Kaiser in Rom wurde Tiberius.

IV   Der neue Mann Germanicus

Die Rache der Römer

Germanicus war ein streitbarer neuer Heerführer. Er nahm Rache an den Germanen, die den
Römern so viel Leid angetan hatten. Er wollte
auch persönliche Rache, denn sein Vater war in
diesem schrecklichen Land Germanien vom
Pferd gefallen und verstorben.

Im Jahre 14, nach dem Tod des Kaisers Augus-
tus, brach unter den Soldaten eine Meuterei   Germanicus[3]
aus. Die Soldaten wollen endlich aus dem Lager heraus, einen Feldzug un-
ternehmen. Germanicus nutzte das Machtvakuum in Rom und führte das
Heer von Xanten aus über den Rhein, die Lippe hinauf in das Gebiet der
Marser.

Er verheerte große Teile des Marser-Gebietes und richtete unter der wehr-
losen Bevölkerung ein furchtbares Blutbad an. Er zerstörte auf diesem
Feldzug auch das Heiligtum der Germanen, den Tempel der Tanfana. Das
brachte auch die benachbarten Stämme auf.

Lassen wir Tacitus sprechen: Ann 1, 49

"Im Jahre 14 n. Chr. herrschte in der römischen Truppe immer noch eine wilde Erregung, plötzlich kam der Wunsch auf, gegen den Feind zu ziehen, um seine Raserei zu sühnen. Anders könnten sie die Geister der Kameraden nicht versöhnen, als wenn sie auf ihre Frevel beladene Brust ehrende Wunden empfingen. Germanicus entsprach dem ungestümen Drängen seiner Soldaten und setzte auf einer Schiffbrücke 12.000 Legionssoldaten, 26 Kohorten und 8 Reiterschwadronen über den Rhein, die sich bei der Meuterei nicht gegen den Gehorsam vergangen hatten. Eine frohe Stimmung herrschte bei den Germanen, die nicht fern waren, während wir wegen des Todes von Augustus zuerst durch die Staatstrauer, dann durch die Meutereien in Anspruch genommen waren.

Germanicus durchschritt mit seinem Heer in Eilmärschen dunkle Waldgebiete, erreichte die Gehöfte der Marser und umstellte die schlafenden Bewohner, die nach einem Festgelage betrunken herumlagen. Die vier Legionen verwüsteten ein Gebiet von fünfzig Meilen mit Feuer und Schwert. Nicht Geschlecht, nicht Alter fand Mitleid. Privathäuser und Heiligtümer wurden dem Erdboden gleichgemacht.

Bei der Truppe gab es keine Verluste, da sie Halbschlafende und Waffenlose erschlagen hatten. Vertrauend auf die frischen Erfolge sowie die vergangenen Geschehnisse vergessend, wurde die Truppe in die Winterquartiere verlegt."

Im Jahre 15 startete Germanicus den nächsten Feldzug. Er zog von Mainz aus nördlich zunächst gegen die Chatten, dann weiter gegen die Marser und die Cherusker. Die Soldaten verwüsteten das Land.

Bei den Cheruskern hatten sich zwei Parteien gebildet, die eine war römerfreundlich und unterstützte Segest in seinem Bestreben, den Römern friedlich zu begegnen, die andere war Arminius zugetan und wollte die Römer bekämpfen. Gegen den Willen ihres Vaters Segest hatte Arminius dessen Tochter Thusnelda geheiratet, Segest hatte seine Tochter jedoch wieder zurückgeholt. Arminius belagerte daraufhin den Hof des Segest, so dass Segest die Römer zu Hilfe rufen musste, die ihn und seine Leute befreiten und seine Tochter als Geisel nahmen.

Arminius war wütend, durchstreifte kreuz und quer die germanischen Gebiete und rief die Stämme zum Kampf auf.

Lassen wir Tacitus sprechen: Ann 1, 60
"Dadurch wurden nicht nur die Cherusker, sondern auch die angrenzenden Völkerschaften aufgewiegelt."

Leichenbestattung des Germanicus

Germanicus plante schon den nächsten Feldzug. Er wollte zur Ems, das Schlachtfeld sehen. Die Angst war immer noch riesengroß. Er befürchtete Angriffe der Germanen. Deshalb kam er mit seiner gesamten Armee, nämlich mit 8 Legionen und zusätzlichen 15.000 Hilfstruppen über den Rhein. Er teilte das Heer in drei Bereiche auf.

Vier Legionen und 5.000 Hilfstruppen befehligte der römische Feldherr Caecina. Sie sollten auf dem Landwege die Ems erreichen.

Weitere vier Legionen und 10.000 Hilfstruppen befehligte Germanicus selbst. Die Truppen wurden auf die Flotte verteilt. Er fuhr mit den Schiffen über den Rhein, den Drusus-Kanal, die Nordsee und dann die Ems hinauf.

Die Reiterei schickte er durch das Land der Friesen.

Die drei Heeresabteilungen vereinigten sich an der Ems und verwüsteten zunächst das Gebiet zwischen Ems und Lippe, das Land der Brukterer. Von da aus zogen sie zu der Unglücksstätte.

Lassen wir Tacitus sprechen: Ann 1, 60

"So wuchs die Besorgnis des Germanicus. Und damit nicht die ganze Wucht des Krieges auf einmal hereinbreche, teilte er das Heer auf, um den Feind zu zersplittern. Er schickte Caecina mit vierzig römischen Kohorten über den Landweg an den Fluss Ems. Die Reiterei unter dem Befehlshaber Pedo schickte er durch das Gebiet der Friesen. Er selbst fuhr mit vier Legionen, die er auf Schiffe verladen hatte, über die Seen, den Ozean, und die Ems. Fußvolk, Reiterei und Flotte trafen gleichzeitig an der Ems ein. Während des Mordens und Plünderns fand er den Adler der 19. Legion, der unter Varus verloren gegangen war. Dann führte er das Heer weiter und das ganze Gebiet zwischen den Flüssen Ems und Lippe, nicht weit von dem Teutoburger Wald, in dem wie es hieß, die Überreste des Varus und seiner Legionen unbegraben lagen, wurde verwüstet."

Mit Pferden oder zu Fuß ging es weiter bis Osnabrück. Caecina wurde vorausgeschickt, um die entlegenen Waldgebiete zu durchforschen und um über das sumpfige Gelände und den trügerischen Moorboden Brücken und Dämme zu führen. Sie fanden die Toten unbestattet am Boden liegend. Es war ein schrecklicher Anblick.

Lassen wir Tacitus sprechen: Ann 1, 61
"Nun erwachte in dem Caesar Germanicus das Verlangen, jenen Soldaten und ihrem Heerführer die letzte Ehre zu erweisen, wobei das ganze anwesende Heer von schmerzlichem Mitgefühl erfüllt war wegen der leidvollen Kriege und des menschlichen Loses.

Knochenort

Und dann betraten sie die Unglücksstätte, grässlich anzusehen und voll schrecklicher Erinnerungen. Das erste Lager des Varus wies an seinem weiten Umfang und an der Absteckung des Hauptplatzes auf die Arbeit von drei Legionen hin. Dann erkannte man an dem halb eingestürzten Wall und dem niedrigen Graben, dass die schon zusammengeschmolzenen Reste sich dort gelagert hatten."

Die Soldaten sammelten die Knochen zusammen und schichteten sie auf zu einem riesigen Scheiterhaufen am "Knochenort". Alle brauchbaren Gegenstände, die die Germanen liegengelassen hatten, nahmen nun die römischen Soldaten mit. Sie verbrannten die Toten auf einem großen Feld. Die Toten, die sie auf den umliegenden Bergen fanden, wurden auf weiteren Scheiterhaufen ebenfalls verbrannt.

Lassen wir Tacitus sprechen: Ann 1, 62

"Und nun setzte das hier befindliche römische Heer, sechs Jahre nach der Niederlage, die Gebeine von drei Legionen bei, in trauriger Stimmung und zugleich in wachsendem Zorn auf den Feind, ohne das jemand erkannte, ob er die Überreste von Fremden oder von seinen eigenen Angehörigen in der Erde barg. Und es war, als ob sie alle zusammengehörten, als ob sie Blutsverwandte seien. Das erste Rasenstück zur Aufschichtung des Hügels legte der Caesar Germanicus als willkommenen Liebesdienst für die Toten und als Zeichen seiner Anteilnahme an den Schmerz der Anwesenden selbst."

Die Römer kamen zu dem Nette-Tal und dem Ruller Hohn, und die Leute, die diese Niederlage überlebt hatten, zeigten, von wo aus Arminius von der Tribüne herunter eine Ansprache gehalten und die Feldzeichen und Adler übermütig verhöhnt hatte.

Leichenbestattung auch in den Meller Bergen

Die römischen Reiter um Germanicus kamen zu den Meller Bergen und fanden auch dort die Stellen, an denen die römischen Reiter gestorben waren. Sie fanden die Befestigungen, wo sie sich verschanzt hatten und verbrannten auch hier die Leichen. Auch die Gruppe um Varus fanden sie im unzugänglichen Bergland. Auch diese Toten haben sie verbrannt. Sie fanden auch die Galgen, an denen die Germanen die Legaten gehenkt hatten. In den 'Heiligen Hainen' fanden sie die Opferaltäre, auf denen die Germanen die Zenturionen ihren Göttern geopfert hatten.

Opferstein

85

Lassen wir Tacitus sprechen: Ann 1, 61

"Mitten im freien Feld lagen die Gebeine zerstreut oder in Haufen, je nachdem, ob die Leute geflohen waren oder Widerstand geleistet hatten. Dabei lagen Bruchstücke von Waffen und Pferdegerippe, zugleich fanden sich an Baumstämmen angenagelte Köpfe.

In den benachbarten Hainen standen die Altäre der Barbaren, an denen sie die Tribunen und die Zenturionen der ersten Rangstufe geschlachtet hatten. Die Leute, die diese Niederlage überlebt hatten und der Schlacht oder der Gefangenschaft entronnen waren, erzählten, hier seien die Legaten gefallen, dort die Adler von den Feinden erbeutet worden; sie zeigten, wo Varus die erste Wunde erhalten, wo er mit seiner unseligen Rechten sich selbst den Todesstoss beigebracht hatte; sie zeigten, wie viele Galgen für die Gefangenen, was für Martergruben Arminius hatte herstellen lassen."

Reaktion des Kaisers Tiberius

Tiberius rügte die Handlungsweise des Germanicus.

Lassen wir Tacitus sprechen: Ann 1, 62

"Dies fand jedoch nicht die Billigung des Kaisers Tiberius, mag er nun alle Handlungen des Germanicus übel ausgelegt haben oder glaubte er, das Heer sei durch den Anblick der Erschlagenen und Unbegrabenen in seinem Kampfesmut geschwächt worden und fürchte sich nunmehr vor den Feinden. Der Oberfeldherr, der das Amt des Augurn (Priester) versehe und uralte religiöse Handlungen zu verrichten habe, hätte nicht an einer Leichenbestattung teilnehmen dürfen."

Rückweg des Germanicus

Von Bad Essen aus wollten die Reiter um Germanicus wieder zurück zu ihren Booten. Ihr Weg führte am nördlichen Wiehengebirge entlang Richtung Westen. Auf diesem Weg wurden die Römer von Arminius in einen Hinterhalt gelockt. Hier hatten die Germanen um Arminius den Römern eine erneute Falle gestellt. Sie liefen bei Kalkriese in den Engpass zwischen Berg und Moor hinein. Die anrückenden Fußsoldaten des Caecina kamen ihnen zu Hilfe und verhinderten größeres Unheil.

Lassen wir Tacitus sprechen: Ann 1, 63
"Aber Germanicus folgte dem Arminius, der sich in unwegsame Gegenden zurückzog, und befahl der Reiterei, sobald sich Gelegenheit dazu bot, vorzustürmen und dem Feind ein freies Feld, das er besetzt hatte, zu entreißen.

Arminius forderte seine Leute auf, sich zusammenzuscharen und an das Waldgelände heranzurücken. Dann machte er plötzlich kehrt und gab den Abteilungen, die er überall im Waldgebiet versteckt hatte, das Zeichen zum Hervorbrechen.

Jetzt wurde durch die neue Kampffront unsere Reiterei in Verwirrung gebracht, und die herbei geschickten Reservekohorten, auf die der Strom der Fliehenden prallte, vermehrten noch die Bestürzung. Sie wären in das Sumpfgelände, in dem sich die Siegenden auskannten, während es für die

Unkundigen gefährlich war, gedrängt worden, hätte nicht der Caesar Germanicus die Legionen vorgeführt und zum Kampf aufgestellt. Dies erschreckte die Germanen und ermutigte die eigene Truppe. Doch ohne dass es zu einer Entscheidung kam, trennte man sich.

Daraufhin führte Germanicus das Heer an die Ems zurück und brachte die Legionen zu Schiff, wie er sie hergeführt hatte, wieder zurück. Einem Teil der Reiterei befahl Germanicus, entlang der Küste zum Rhein zu marschieren. Caecina, der eine eigene Heeresabteilung führte, erhielt die Weisung, obgleich die Wege, auf denen er den Rückmarsch antreten wollte, bekannt waren, so rasch wie möglich die "Langen Brücken" hinter sich zu bringen, dies ist ein schmaler Fußpfad durch ausgedehntes Sumpfgelände."

Die Rückkehr der Gemanicus-Legionen von Osnabrück nach Xanten war mit großen Schwierigkeiten verbunden. Die Reiterei kam zwar unbehelligt ins Winterlager; die vier Legionen Fußsoldaten unter Germanicus sollten eigentlich per Boot zurück, aber die Flotte war überladen, so dass zwei Legionen am Strand zurückgehen mussten. Da sie jedoch mit Ebbe und Flut nicht zurechtkamen, verloren sie ihr Gepäck und hatten Mühe, nicht zu ertrinken. Sie wurden daraufhin wieder von den Booten aufgenommen.

Die vier Legionen des Caecina sollten durch das Münsterland über die langen Brücken, die heutige Bahntrasse "Rollbahn", zurückgehen. Auf diesem Marsch wurden sie von den Germanen unter Führung von Arminius und seinem Onkel Inguiomerus angegriffen. Der Bohlenweg war beschädigt und musste ausgebessert werden. Gleichzeitig griffen die Germanen an, so dass sie sich zusätzlich verteidigen mussten. Die Römer verloren einen großen Teil der Reiterei und auch einen großen Teil ihres Gepäcks.

Die Germanen umstellten das befestigte Etappenlager der Römer und griffen an. Caecina ließ die Germanen bis an die Wälle herankommen und öffnete dann die Tore. Die Römer drangen heraus und stürzten sich auf die Angreifer. Die Germanen empfingen hier eine empfindliche Niederlage und zogen sich zurück. Der weitere Abzug blieb dann unbehelligt.

Die letzten Feldzüge in Germanien

Im Jahre 16 n. Chr. stand Arminius an der Spitze eines großen Völkerbundes. Er hatte ein Heer aufgestellt aus Soldaten verschiedener germanischer Stämme, insgesamt ca. 50.000 Mann. Germanicus kam erneut nach Germanien. Er kam mit einer Flotte von 1000 Schiffen die Ems und die Hase herauf. Die Schiffe hatten zwei Ruderanlagen; diese waren erforderlich, da die Schiffe auf den schmalen Flüssen Ems und Hase nicht gewendet werden konnten.

Germanicus wollte unbedingt über die Weser. Er wollte zur Saale. Er wollte die Stelle sehen, wo sein Vater vor 25 Jahren vom Pferd gefallen war. Die Schiffe blieben bei Osnabrück zurück.

Germanicus war mutig. Er nahm den Weg am Schlachtfeld vorbei. Die Toten hatten sie im letzten Jahr ehrenhaft bestattet. Es gab nun keinen Grund mehr, die Straße von Osnabrück Richtung Minden zu meiden. Germanicus nahm denselben Weg, den Varus und seine Truppen vor 7 Jahren genommen hatten. Er nutzte dieselben Etappenlager wie Varus. Sie übernachteten wieder in der Dehmer Burg an der Weser.

Bei Hausberge überquerten sie die Weser südlich der Porta und setzten ihren Weg ostwärts fort. Arminius erwartet ihn auf dem rechten Weserufer südlich des Wesergebirges. Die Bataver (Holländer) wurden zuerst von Arminius angegriffen. Die Soldaten des Germanicus kamen ihnen zu Hilfe (Porta Westfalica, Roter Brink). Die Römer gewannen diese Schlacht.

Die zweite Schlacht war auf dem Idistavisofelde in Rinteln am südlichen Wesergebirge. Hier hatte Arminius die germanischen Krieger zusammengezogen zur offenen Feldschlacht. Die Germanen griffen gegen den Willen Arminius vorzeitig an und wurden von den Truppen des Germanicus zersprengt. Arminius wurde schwer verwundet, aber durch sein schnelles Pferd gerettet. Diese Schlacht endete unentschieden.

Die Römer zogen weiter in östlicher Richtung. Ein dritter Angriff fand in der Nähe des Süntels statt, am Amelungsberg in Hessisch Oldendorf an der Grenze zwischen dem Cherusker- und dem Angrivariergebiet. Germanicus hatte wohl leichte Vorteile, aber zur Nacht trennte man sich. Auch diese Schlacht endete unentschieden. Weil der Sommer zu Ende ging, zog sich Germanicus mit seinen Soldaten zurück.

Die Germanen waren zwar geschlagen, aber immer noch nicht besiegt. Auf dem Rückweg geriet die Flotte des Germanicus auf der Nordsee in einen furchtbaren Sturm. Einzelne Schiffe wurden bis an die englische Küste verschlagen, andere gingen unter und mit ihnen die gesamte Ausrüstung.

Die neuerlichen Gefechte mit den Germanen waren nicht so erfolgreich wie gewünscht. Die Verluste in den einzelnen Schlachten waren groß. Die Pferde konnten nicht einfach ersetzt werden. Auch die Flotte hatte nicht den gewünschten Erfolg gebracht.

Triumph des Germanicus

Tiberius sah die erfolglosen Bemühungen des Germanicus. Ihm war es nicht vergönnt, das Erbe seines Vaters weiterzuführen. Der germanische Widerstand war zu stark, das Gelände für eine Eroberung zu unwegsam, so dass Tiberius Germanicus aus Germanien abberief. Von nun an blieb der Rhein die Grenze zwischen Gallien und Germanien.

Germanicus feierte trotzdem im Jahr 17 einen glänzenden Triumph. Seine Soldaten zeigten sich siegreich der römischen Bevölkerung, Thusnelda und ihr Sohn wurden gefesselt den Römern zur Schau gestellt.

Fazit

Lassen wir Tacitus sprechen: Ann 2, 88

"Arminius war unbestritten der Befreier Germaniens. Er hat das römische Volk nicht wie andere Könige und Heerführer in seinen kleinen Anfängen herausgefordert, sondern als das Reich auf dem Höhepunkt seiner Macht stand. In den einzelnen Schlachten war er nicht immer erfolgreich, aber im Kriege blieb er unbesiegt. Sein Leben währte siebenunddreißig Jahre, zwölf seine Herrschaft. Noch heute besingen ihn die Barbarenstämme, während er den Geschichtswerken der Griechen, die nur ihre eigenen Taten bewundern, unbekannt ist und bei uns Römern auch nicht recht gewürdigt wird, weil wir nur das Altertum preisen und uns um neuere Ereignisse gar nicht kümmern."

V   Anhang

Die Personen[4]

Augustus, ursprünglich Gajus Octavius, geb. 23. 9. 63 v. Chr., gest. 19. 8. 14 n. Chr., römischer Kaiser. – Sohn des Gajus Octavius und der Atia, einer Nichte Caesars; nannte sich auf Grund der testamentarischen Adoption durch Cäsar seit 44 Gajus Julius Caesar, seit 38 Imperator Caesar Divi filius: Beiname Oktavian für die Zeit vor 27 gebräuchlich; Ehrenname Augustus seit 27. Oktavians Auftreten als Caesars Erbe brachte ihn in Gegensatz zu Marcus Antonius. Am 19. August 43 erzwang er seine Wahl zum Konsul und einigte sich im Oktober mit Antonius und Marcus Aemilius Lepidus über die gemeinsame Übernahme der höchsten Macht im Staate (2. Triumvirat) durch die Lex Titia am 27. Nov. 43 für fünf Jahre bestätigt, bis Ende 33 verlängert. Nachdem Oktavian mit Antonius in der Schlacht von Philippi (42) die Caesarmörder besiegt, mit seinem Feldherrn Marcus Vipsanius Agrippa bei Mylai und Neulochos Sextus Pompejus Magnus geschlagen hatte (36) war er zum Herrn der westlichen Reichshälfte geworden. Der Osten fiel ihm mit dem Seesieg von Aktium (2.9.31) zu, und der Einnahme von Alexandria (Aug. 30) der der Selbstmord von Antonius und seiner Geliebten Kleopatra von Ägypten folgte.

Durch die Annullierung aller von den Triumvirn getroffenen Anordnungen (Dez. 28) und die Rückgabe seiner gesamten außerordentlichen Gewalt an Senat und Volk (13.1.27) stellte Oktavian die republikanische Verfassung formell wieder her. Sein politisches Gewicht wurde aber vom Senat am 16.1.27 durch den Beinamen Augustus und durch die Übertragung der wichtigsten Provinzen (zunächst auf 10 Jahre) anerkannt. Das damit verbundene Kommando über die dort stehenden Heere wurde 23 zum Oberbefehl im gesamten Reich erweitert. In Rom stützte sich Augustus bis 23 auf das Konsulat, seitdem auf die Tribunicia potestas. Durch den Kantabrischen Krieg in Spanien 26-19 sowie Kriege an Rhein und Donau (16-9 v. Chr. und 4-9 n. Chr., Feldherren waren seine beiden Stiefsöhne Drusus und Tiberius) bemühte sich Augustus im Westen und Norden um die Konsolidierung und Abrundung des Reiches. Die Elbegrenze wurde wegen der Niederlage des Varus (9 n. Chr.) nicht erreicht. Im Osten sicherte Augustus die Grenze durch eine Reihe von Klientelstaaten (Armenien). Seine Herrschaft wurde als Pax Augusta verklärt.

Drusus, Nero Claudius D. Germanicus, geb. 14. 1. 38 v. Chr., gest. im September 9 v. Chr. in Germanien, römischer Feldherr. - Sohn des Tiberius Claudius Nero, Bruder des späteren Kaisers Tiberius, Vater des späteren Kaisers Claudius; Stiefsohn des Kaisers Augustus, unterwarf 15 v. Chr. die Räter und Vindeliker, war 13 v. Chr. Statthalter der gallischen Provinzen, Kommandeur an der Rheinfront; unternahm zahlreiche Feldzüge gegen die Germanen.

Tiberius, Julius Caesar, eigentlich Tiberius Claudius Nero, geb. 16.11.42 v. Chr. in Rom, gest. 16.3.37 n. Chr. am Kap Miseno; römischer Kaiser (seit 14 n. Chr.) – Sohn der Livia Drusilla und ab 38 v. Chr. Stiefsohn Oktavians (Augustus) (ab 4 n. Chr. adoptiert); erhielt als potentieller Nachfolger des Augustus früh entsprechende Ehren und öffentliche Tätigkeiten (u. a. 13 und 7 v. Chr. Konsul); verheirat in unglücklicher Ehe mit Julia, Tochter des Augustus. Nach seiner Regierungs-Übernahme zügelte er die Expansionsversuche des Germanicus in Germanien (Rheingrenze) und hielt die römischen Positionen im Osten. Konservativ im Sinne des Augustus, herrschte Tiberius auf den Senat gestützt, geriet jedoch unter den Einfluss (etwa ab 20) des Sejan, zog sich 21/22 nach Kampanien und ab 27 nach Capri zurück. Tiberius besaß als Herrscher einen klaren Blick für das innen- wie außenpolitisch Erreichbare.

Varus, P. Quinctilius war vom Kaiser Augustus eingesetzt als römischer Statthalter (Legat) Germaniens. Er war geb. um 46 vor Christus, gest. 9 nach Christus. Er stammte aus patrizischer Familie und war durch Heirat (Schwiegersohn des Agrippa) mit der Familie des Kaisers Augustus verwandt. In den Jahren 22/21 v. Chr. war er Quästor (römischer Untersuchungsrichter) unter Augustus, 13 v. Chr. Konsul, 7/6 v. Chr. Prokonsul von Afrika und 6-4/3 v. Chr. Statthalter von Syrien, wo er einen Aufstand der Juden niederschlagen ließ. Als Oberbefehlshaber in Germanien 7 – 9 n. Chr. versuchte er, die von Drusus und Tiberius bis zu Elbe unterworfenen Gebiete als Provinz einzurichten, besonders die Steuereintreibung zu systematisieren und die römische Rechtsprechung einzuführen.

Germanicus Gajus Julius Caesar, geb. 24.5.15 v. Chr. in Rom, gest. 10.10.19 n. Chr. in Daphne bei Antiochia (Syrien), römischer Feldherr, Sohn des Drusus; 4 n. Chr. von Tiberius adoptiert, nahm seit 7 n. Chr. an

Kämpfen in Pannonien und 11-14 in Germanien teil. Trotz erfolgreicher Vorstöße nach Germanien (14-16) erfolgte seine Rückberufung nach Rom durch Tiberius (Triumph 17); danach wurde er von Tiberius mit großen Vollmachten in die orientalische Provinz geschickt.

Arminius = Hermann der Cherusker, geb. ca. 18 vor Christus, gest. ca. 19 nach Christus war ein Cherusker. Er war der Sohn des Cheruskerfürsten Segimer, verheiratet mit Thusnelda, Tochter des Segestes. Arminius und sein jüngerer Bruder Flavus kamen als Kinder zunächst zur Ausbildung nach Xanten, im Jahre 8 v. Chr. nach Rom. Dort lernten sie die lateinische Sprache. Sie nahmen als Militärtribun in den Jahren 4 – 6 n. Chr. an den Feldzügen des Tiberius gegen das freie Germanien teil, wobei Arminius die germanischen Hilfstruppen befehligte. Er wurde für seine Verdienste mit dem römischen Bürgerrecht und mit der Ritterwürde ausgezeichnet. Im Jahre 7 n. Chr. kehrte er in seine Heimat zurück und wurde zum Gegner Roms. Er organisierte den Widerstand der Germanen und vernichtete im Herbst 9 n. Chr. im Teutoburger Wald ein römisches Heer von etwa 20.000 Mann unter Varus.

Die Historiker[4]

Strabo (Strabon)

geb. 63 v. Chr., gest. ca. 28 n. Chr. war griechischer Geograph und Geschichtsschreiber. Er kam 44 v. Chr. nach Rom. Von seinem Geschichtswerk sind nur Fragmente erhalten. Sein geographisches Werk (17 Bücher über Europa, Asien, Afrika) ist weitgehend erhalten.

Velleius Paterculus, (Gajus?)

geb. um 20 v. Chr. gest. 30 n. Chr., war römischer Offizier und Geschichtsschreiber. Er war u. a. Legionslegat unter Tiberius in Germanien und Pannonien. Er verfasste seine "Historia Romana" bis 30 n. Chr. in zwei Büchern, von denen das erste größtenteils verloren ist. Er kannte Germanien aus eigener Anschauung, nahm aber an der Varus-Schlacht nicht teil.

Tacitus Publius Cornelius

geb. um 55, gest. nach 115 n. Chr., war römischer Geschichtsschreiber, war 88 Prätor, 97 Konsul, um 112 Prokonsul der Prov. Asia. Er veröffentlichte sein Werk "Germania" um 98. Das Werk ist eine geographisch-ethnographische Schrift, mit zum Teil idealisiertem Germanenbild; seine "Annales" (wahrscheinlich 16 Bücher) umfassten die Zeit vom Tode des Augustus 14 n. Chr. bis 96 n. Chr. Seine Werke sind nur zum Teil erhalten.

Cassius Dio

geb. 164, gest. ca. 230 n. Chr. war griechischer Geschichtsschreiber. wurde 193 Prätor, 204 Konsul, wurde Curator verschiedener Städte, 223 Prokonsul und 229 wieder Konsul. Er schrieb seine "Römische Geschichte" 211/212 in griechischer Sprache. Sie umfasste ursprünglich 80 Bücher, ist heute aber nur in Teilen erhalten.

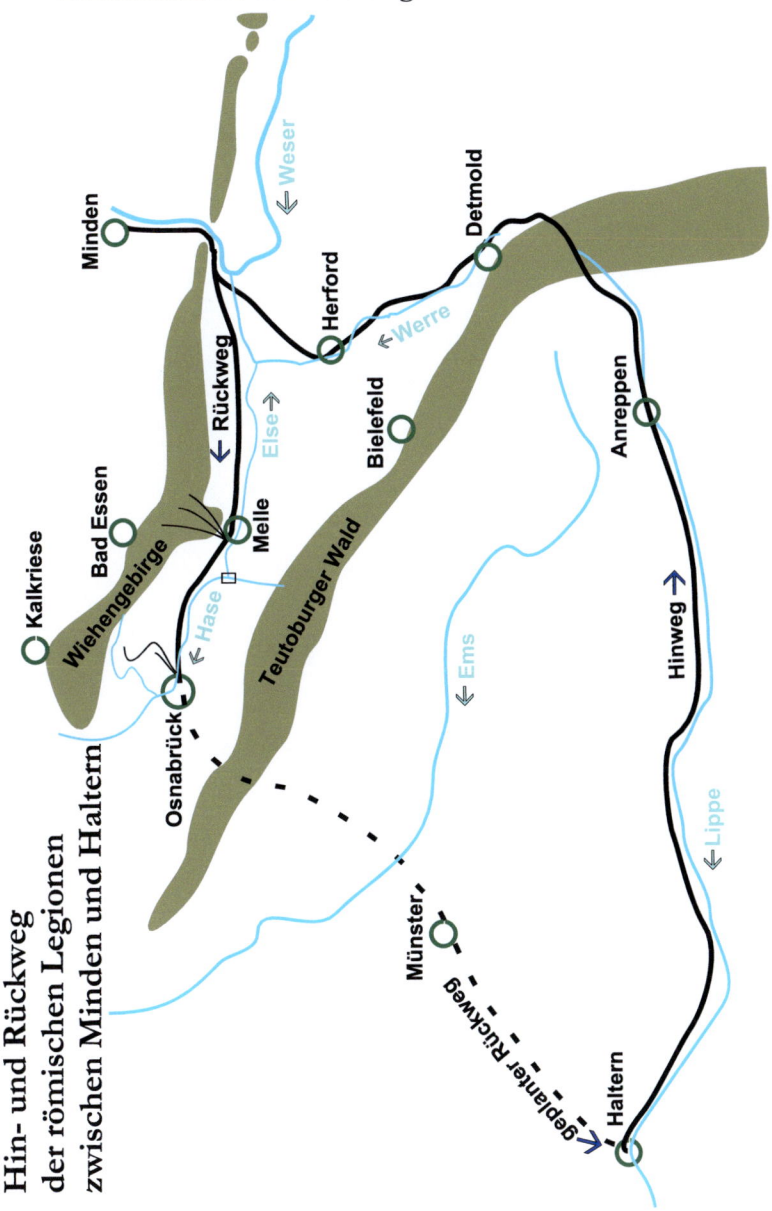

Übersichtskarte über die Wege der Römer 9 n. Chr.

Hin- und Rückweg der römischen Legionen zwischen Minden und Haltern

Minden · Herford · Detmold · Bielefeld · Bad Essen · Melle · Anreppen · Kalkriese · Wiehengebirge · Osnabrück · Teutoburger Wald · Münster · Haltern

Weser · Werre · Rückweg · Else · Hase · Ems · Hinweg · Lippe · geplanter Rückweg